KB268260

신앙을 심는 부모 코칭 30일

신앙을 심는 부모 코칭 30일

지은이 | 신형섭
초판 발행 | 2026. 2. 11
등록번호 | 제1988-000080호
등록된 곳 | 서울특별시 용산구 서빙고로65길 38 두란노빌딩
발행처 | 사단법인 두란노서원
영업부 | 02)2078-3333   FAX | 080-749-3705
출판부 | 02)2078-3331

책값은 뒤표지에 있습니다.
ISBN 978-89-531-5260-1   03230

독자의 의견을 기다립니다.
tpress@duranno.com   www.duranno.com

두란노서원은 바울 사도가 3차 전도여행 때 에베소에서 성령 받은 제자들을 따로 세워 하나님의 말씀으로 양육하던 장소입니다. 사도행전 19장 8-20절의 정신에 따라 첫째 목회자를 돕는 사역과 평신도를 훈련시키는 사역, 둘째 세계선교(TIM)와 문서선교(단행본·잡지) 사역, 셋째 예수문화 및 경배와 찬양 사역, 그리고 가정·상담 사역 등을 감당하고 있습니다. 1980년 12월 22일에 창립된 두란노서원은 주님 오실 때까지 이 사역들을 계속할 것입니다.

신앙을 심는
부모 코칭 30일

신형섭

두란노

Contents

---

part 1

성경적 부모 알기

가정의 신앙교사는 부모다

---

part 3

가정예배 인식 전환

가정예배를 심는 가정은 길을 잃지 않는다

어떻게 하면 자녀세대가
신앙을 회복할 수 있을까?

최근 저는 두 종류의 바벨탑을 마주하게 되었습니다. 하나는 오스트리아 빈 미술사 박물관에 있는 "바벨탑"(원제: De Toren van Babel)이라는 유화 미술 작품이고, 다른 하나는 영국 런던 테이트 모던 갤러리에 있는 "바벨"(원제: Babel)이라는 설치미술 작품입니다. 두 작품 모두 창세기 11장, 주전 2,200-2,000년경에 세워졌던 바벨탑을 모티브로 삼았습니다.

제가 이 작품들을 알게 된 건, 성경적 가정신앙교육에 관해 연구하던 연구학기 때입니다. 가정을 통한 신앙 전수에 관한 연구를 마치며 이 두 바벨탑이 마음에 가장 많이 남았습니다. 작품들 안에 담긴 바벨탑의 모습이 마치 오늘을 살아가는 한국교회 부모세대와 자녀세대의 현실과 크게 다르지 않아 보였기 때문입니다.

첫 번째 작품인 "바벨탑"은 460여 년 전 16세기 르네상스 화가인 피터르 브뤼헐(Pieter Bruegel)이 그렸습니다. 언뜻 보아도 화폭 중앙의

웅장한 건물이 한눈에 들어옵니다. 분명 그림 속 바벨탑은 주변 어떤 건물보다 높고 크게 지어져 가고 있습니다. 그런데 저는 이 그림을 보면서 건물의 아름다움보다는 위험을 먼저 느꼈습니다. 그림에서 바벨탑은 바닷가 마을에 세워졌습니다. 그런데 문제는 건물의 중심이 옆으로 기울어져 있는 데다가, 아직 아래층이 완성되지 않았는데 사람들이 위층을 건축하고 있습니다. 그림을 가까이에서 보면 곳곳에 일사불란한 일꾼들의 모습이 그려져 있지만, 한발 떨어져서 전체를 보면 결코 안전해 보이지 않습니다.

두 번째 작품인 "바벨"은 브라질 작가 칠도 메이어레스(Cildo Meireles)의 설치미술 작품으로, 수백 개의 중고 라디오를 원형 탑처럼 겹겹이 쌓아 올려 만든 것이 특징입니다. 저는 이 작품이 전시된 공간에 들어섰을 때 800여 개의 라디오가 높이 쌓여 있는 것을 보고 그 웅장함에 놀랐습니다. 하지만 그보다 더 당혹스러웠던 것은 그 많은 라디오가 서로 다른

주파수 채널 소리를 내고 있어서 소음이 가득했던 것입니다. 분명히 라디오 하나하나만 놓고 보면 맞춰진 주파수에 따라 명확한 소리를 내고 있었지만, 그 소리들은 볼륨을 높일수록 메시지는 들리지 않고 그저 불통의 소음만 더욱 키울 뿐이었습니다.

____무엇을 위한 열심인가

이 두 개의 바벨탑은 오늘날 쉬지 않고 열심히 자신만의 탑을 쌓아 가고 있으나 그 끝이 결코 안전하지도 평안할 수도 없는 우리의 현실을 보여 주고 있었습니다. 말씀의 터가 아닌 곳에 삶의 탑을 세워 가고, 성경의 다림줄이 아닌 세상의 상대주의 앞에 중심이 기울어져 있으며, 하나님의 음성을 듣기보다는 자신의 소리만을 각자 열심히 내고 있는 모습이 바로 우리의 모습입니다. 이 두 개의 바벨탑을 통해 하나님이 우리에게 현실을 다시금 보게 하시는 것 같습니다.

80여 년 전 독일교회가 나치당에게 함부로 타협하며 무너지는 것을 보았던 신학자 디트리히 본회퍼(Dietrich Bonhoeffer)는 이렇게 외쳤습니다. "하나님은 지속적으로 우리의 길 안에 들어오시며, 우리의 계획을 지속적으로 취소시키신다."[1] 가정의 신앙교사이자 믿음의 부모인 우리가 하나님 안에서 안전하지 않은 길을 계속 가고 있다면, 하나님이 우리 삶의 길에 들어오셔서 그 길을 취소시키십니다. 이것은 우리가 가고자 하는 걸음을 멈추게 하시는 불편함이 아니라, 우리의 길을 다시 가장 안전하게 인도하시는 은혜와 회복입니다.

성경을 심는 부모 코칭 30일

_____ 자녀는 부모를 보고 신앙을 키운다

오늘날 한국교회가 마주한 가장 어려운 점이 무엇인지 설문한 결과에 전국 담임목사들은 3년 연속 1위로 '다음세대 신앙 전수의 어려움'이라고 응답했습니다.[2] 부모세대가 고백한 하나님을 자녀세대가 더는 고백하지 않는 시대입니다. 이 같은 현실이야말로 무엇보다 긴급하고 어려운 목회적 과제가 되었습니다.

설문조사는 이어서 '어떻게 하면 자녀세대가 다시 신앙을 회복할 수 있을지'를 질문했고, 담임목사들은 '부모세대의 교육과 훈련'이라고 응답했습니다.[3] 왜 이렇게 답했을까요? 청소년과 청년들이 자신의 신앙에서 가장 큰 변수를 '부모님'이라고 답하고 있기 때문입니다. 물론 교회학교 목사님과 전도사님, 선생님, 교회 친구들과 선후배도 자신의 신앙에 영향을 미치지만, 지난 10년 안에 응답한 결과의 1위는 늘 부모님이었습니다.[4] 우리는 종종 자녀에게 신앙이 전수되지 못하는 원인이 입시제도나 무리한 학업 스트레스, 혹은 학교에서 학원으로 이어지는 혹독한 스케줄, 스마트폰과 게임 때문일까 생각하기도 했지만, 우리 아이들의 입에서 나온 일관적이고 결정적인 변수는 바로 부모였습니다.

그렇다면, 정작 부모는 자녀를 어떻게 양육하고 있을까요? 최근 한국교회탐구센터에서 조사한 '개신교인의 가족 신앙에 대한 조사'에 따르면, '학창 시절 부모로부터 받은 신앙교육에 비하여 본인은 자녀에게 얼마나 신앙교육을 하고 있는가?'라는 질문에 현재 부모세대는 '내가 받은 신앙교육보다 내 자녀에게 덜하고 있다'고 응답했습니다.[5] 게다가 신앙 양육의 구체적인 항목인 '예배, 헌금, 신앙의 친구, 신앙적 학교생활에서 자녀에게 어떻게 신앙 양육을 하는가?'라는 질문에서도 네 영역 모두 '부모로부터 받은 신앙 양육보다 덜 강조하고 있다'고 답했습니다.

1998년에 기독 부모 1,000명을 대상으로 신앙과 삶이 일치하는지 문의한 설문에 64.7%가 '그렇다'라고 응답했지만, 19년이 지난 2017년에는 '나는 그리스도와 가까이 있으며 매일 그분의 인도하심에 의지한다'고 답한 그리스도 친밀층과, '하나님은 내 삶의 전부이며 나는 그분으로 충분하다'고 고백한 그리스도 중심층을 합한 비율이 40.6%로 감소했습니다.[6] 또한 2022년 조사에서는 30-40대 젊은 부모세대의 63%가 '주일예배 외에는 신앙활동을 전혀 하지 않는다'고 응답했습니다.[7]

세상은 한 일을 '했다' 하고, 하지 않은 일을 '안 했다'고 말하는 것을 정직이라 하지만, 성경은 '아는 것과 믿는 것, 그리고 살아가는 모습이 하나될 때' 참된 정직이라 말합니다(엡 4:13). 오늘날 부모세대의 신앙과 삶의 괴리를 누가 보고 있을까요? 바로 부모의 신앙을 가장 큰 영향 요인으로 여기는 우리의 자녀들이 보고 있습니다.

____신앙 전수는 유전이 아니라 유업이다

이처럼 다음세대 신앙 전수의 어려움은 오늘날 한국교회와 믿음

성경을 심는 부모 코칭 30일

의 가정이 마주한 현실입니다. 그러나 이러한 현실 앞에 하나님의 말씀은 매우 일관적이고도 선명한 길을 보여 줍니다. 신앙 전수는 '유전'이 아니라 '유업'이라는 것입니다. 아무리 부모가 하나님을 구주로 고백하고 예수님을 통해 살아 내야 할 복음을 전수받았다 하더라도, 이러한 신앙이 자동적으로 자녀세대에게 '유전'되는 것이 아닙니다. 부모가 삶의 한복판에서 하나님의 방법대로 순종하며 살아 낼 때, 즉 거룩한 실천의 삶이 있을 때 비로소 '유업'으로 남는 것입니다.

성경을 통해서 우리는 유전이 아닌 유업으로의 신앙 전수에 대하여 배웠습니다. 성경에는 부모세대가 분명히 하나님을 알았고 섬기며 살아왔음에도 자녀세대에 이르러서는 그 하나님을 모르거나 불순종하여 살아간 가정들이 많이 등장합니다. 구약의 엘리 제사장 가정(삼상 2:12-36), 사무엘의 가정(삼상 8:1-3), 요시야의 가정(왕하 23-25장)이 그러했습니다. 신약성경에도 믿음의 부모가 삶을 통하여 의도적이고 지속적으로 신앙 전수를 해야 함에 대하여 권면을 넘어선 명령이 거듭 기록되어 있습니다(엡 6:1-4, 골 3:20-21, 딤전 3:4-5, 딤전 3:12, 딤전 5:8, 딛 1:6).

사실 오늘날 신앙이 있는 젊은 부모세대의 마음에는 그들 부모의 삶을 통해 보고 경험하였던 신앙의 추억들이 켜켜이 쌓여 있습니다. 나 역시 새벽이면 어김없이 새벽기도를 나가시는 부모님의 현관문 소리를 기억합니다. 금요일 저녁이면 교회에서 철야 기도하시는 어머니 옆에서 졸다가 깨던 기억도 많습니다. 가정 안에 어려움이 생길 때면 자녀들 앞에서 하나님의 은혜를 구하자고 기도를 부탁하시던 아버지의 얼굴, 군대든 유학이든 부모님과 오랫동안 떨어지는 걸음을 뗄 때마다 늘 기도 안에서 만나자고 말씀하시던 아버지의 음성이 마음에 선명히 남아 있습니다.

비록 최근에 조사한 설문에 따르면, '가정에서 자녀에게 신앙을 삶으로 자주 보여 주고 있다'고 응답한 비율은 13%에 그치고 있음도 현실이고, '신앙적 자녀 교육법을 모르고 있다'고 응답한 비율도 거의 절반(48%)에 해당하지만,[8] 젊은 부모세대의 68%가 자녀의 신앙 양육의 주체를 '부모 자신'이라고 답하고 있으며,[9] 만일 자녀를 신앙으로 양육하는 방법에 대하여 교육한다면 참여하겠느냐는 질문에 82%의 부모가 '그렇다'고 답한 것도 현실입니다.[10] 최근 한국교회 3040부모세대를 대상으로 교회로부터 받고 싶은 교육이 무엇이냐고 질문했는데, 1위로 자녀와 함께하는 신앙생활, 2위로 부모 역할 교육, 3위로 자녀와의 대화법이라고 응답했습니다.[11] 이를 고려할 때, 부모세대를 통하여 다음세대를 일으키고자 하시는 하나님의 열심이 여전히 한국교회 안에 있음을 발견하게 됩니다.

___ 시대가 어두울수록 한 사람을 세우신다

오늘날 청소년 복음화율이 5% 미만인 미전도종족의 수준으로 떨어져 있습니다. 이는 한국교회와 믿음의 가정에 매우 큰 위기이자 어려움입니다. 그런데도 한국교회와 믿음의 부모세대가 다시금 소망을 가지고 일어설 수 있는 근거는 하나님이 역사하시는 방법이 숫자

싸움이 아니라 제자 싸움이기 때문입니다.

1907년 평양대부흥 당시 이 땅에는 동방에 예루살렘이 세워졌다는 평을 들을 정도로 세상이 깜짝 놀랄 만한 부흥이 있었습니다. 그러나 당시 조선의 기독교 복음화율은 2%가 채 되지 않았습니다. 교회나 교인의 숫자가 많지 않았습니다. 100명 중에 98명이 하나님이 없다고 하는 시대 안에서도 하나님은 조선 땅을 성령으로 충만케 하셨습니다. 세상이 어두울수록 세상보다 크신 하나님을 심령에 품고 삶과 증언을 통하여 빛이신 예수님을 전하였던 믿음의 부모세대와 청년세대가 일어났기 때문입니다.

하나님은 기독교인의 숫자가 더 많아서 세상을 바꾸신 것이 아닙니다. 세상을 바꾸실 하나님을 목숨 걸고 믿어 증언한 소수의 기독교인들을 통해 하나님 나라가 교회와 가정 안에 임하였습니다. 1938년 9월 10일 총회마저 신사참배를 결의하고 영적으로 조선교회가 무너져 버린 것 같은 절망의 때에도, 당시 신사참배에 함부로 무릎을 꿇지 않았던 주기철, 이기선, 김선두 목사님과 같은 소수의 기독교인들을 통해 하나님은 조선의 교회들을 여전히 붙들고 계심을 보여 주셨습니다.

시대가 어두울수록 하나님은 믿음의 한 사람을 세워서 한 민족을 새롭게 인도하셨습니다. 바벨탑 사건 이후 무너진 세대 속에 하나님은 믿음의 조상 아브라함을 부르사 다음세대를 일으키셨고, 얍복강 가에서 야곱을 하나님 대면한 자로 인도하사 그 자녀세대를 이스라엘의 열두 지파로 세우셨습니다. 하나님은 믿음의 어머니 요게벳을 세우사 모세를 통해 출애굽의 새 시대를 나타내셨으며, 기도의 어머니 한나를 붙드사 사사 시대를 말씀의 시대로 이끄는 사무엘을 길러 내셨습니다.

이러한 하나님의 열심과 심장을 함께 품었던 평양신학교의 설립자 마포삼열(Samuel Austin Moffet) 목사는 1907년 선교대회에서 다음과 같이 외쳤습니다.

"우리는 작은 조선이 중국처럼 상업 강대국이 되거나 일본처럼 군사 강대국이 되리라고 기대하지 않습니다. 그러나 우리는 조선이 영적 강대국이 될 것이라고 기대합니다."[12]

이러한 믿음의 선언이 평양신학교를 통하여 전국의 지역 교회와 믿음의 가정들로 전해져 같은 믿음으로 선포되고 소망될 때, 하나님은 한국 선교 초기의 현장마다 또 한 명의 아브라함과 야곱, 요게벳과 한나를 세우셨습니다.

이러한 하나님의 열심과 부르심은 오늘도 동일하게 주님의 이름으로 세워진 교회와 가정 위에 역사하고 있음을 믿습니다. 우리 가정의 자녀가 내 자녀이기 이전에 하나님 자녀임을 기억하여 내 방식대로가 아니라 하나님 방식대로 길러 내기를 다시 시작할 때, 그들은 내 수준만큼의 인생이 아니라 하나님의 경륜만큼 위대한 인생으로 빚어질 것입니다.

이 책은 자녀의 신앙교사가 되고 싶은 부모를 위해 가정 안에서 믿음의 본을 세워 가는 여정을 돕고자 만들었습니다. 교회학교의 교사가 되려면 교사로서의 기본 소양을 배우고 훈련하는 교사대학이 필요하듯, 가정의 신앙교사가 되기 위해서는 믿음의 부모에게 요구되는 성경적, 신학적, 교육적인 역량들이 있습니다. 그것은 바로 1) 신앙교사로서의 정체성, 2) 자녀에 대한 성경적이고 교육학적인 이해, 3) 가정예배에 대한 이해와 실천들, 4) 자라나는 자녀를 통해 듣게 되는 신앙 질문과 대화를 위한 기독교 변증론과 자료들입니다.

이 책에서 제시하는 네 가지 영역의 30개 세부 주제와 내용은 내가 충신교회의 교육목사로 섬기면서, 장로회신학대학교 기독교 교육과 교수로 가르치면서, 기독교 교육 저술가로 연구하고 묵상하면서 실천하였던 내용들입니다. 그리고 많은 지역교회의 부모교육과 교사교육과 가정예배 강의를 진행하며 전하였던 내용과 질의응답들을 정리하여 구성하였습니다. 믿음의 부모들에게 요구되는 지식과 역량에 관한 네 개의 영역(부모 알기, 자녀 알기, 가정예배, 기독교 세계관) 안에 30개의 소주제를 따라가며 하나님의 말씀을 기억하고, 자신의 삶을 돌아보고, 부르신 역량들을 채워 나가기를 바랍니다.

교회와 가정의 형편을 따라 부모세대가 하루에 하나씩 30개의 주제를 묵상하고, 일주일에 한 번씩 모여 목회자나 리더가 인도하는 4주간의 북클럽 형태의 나눔을 할 수 있습니다. 또는 30개의 주제에 대해 매주 하나씩 짧은 강의를 제공하고 소그룹 나눔을 병행하여 진행할 수도 있습니다. 필요에 따라서는 이 책에서 제시한 네 가지 영역을 계절에 하나씩 시즌제로 진행하여 1년 안에 전체 내용을 다룰 수도 있습니다.

바라기는 이 책을 통하여 부모세대가 하나님이 부르신 목적대로 믿음의 부모됨을 배우고 실천하기를 바랍니다. 그리고 그 실천의 현장마다 하나님이 이 세대에 다시금 세우기 원하시는 믿음의 부모들이 교회마다 힘 있게 일어나, 마침내 이 시대의 자녀세대가 말씀이 기준되고 복음이 결론되는 강력한 예수님의 제자세대로 일어나기를 간절히 소망합니다.

지금도 믿음의 세대를 세우시는
하나님의 열심에 감사하며

2026년 2월
신형섭

신앙을
심는
부모코칭
30일

신앙을 다음 세대로 전수하는 것은 이 시대에 요청되는 가장 중요한 선교적 사명입니다. 이 사명은 교회학교 교사 이전에 먼저 부모에게 주어졌습니다. 부모가 자녀의 신앙 교육을 교회에 위탁했다고 생각한다면 위기입니다. 저자는 교회와 가정이 하나 되어 다음 세대에게 신앙을 계승해 나가는 구체적인 통합 모델을 몸소 보여 주고 있습니다. 이 책을 통해 자녀세대를 그리스도의 제자로 세우는 일이 한국교회에 불일 듯 일어나기를 기도하며 추천합니다.

이재훈 목사(온누리교회 위임)

'혹시 우리 아이가 뒤처지지는 않을까' '잘못되지 않을까' 매 순간 찾아드는 불안한 마음은 결코 잘못된 것이 아닙니다. 그것은 오히려 자녀가 우리에게 너무나 소중한 존재라는 반증입니다. 하나님은 우리를 믿고 소중한 자녀를 맡겨 주셨습니다. 그러니 불안한 마음에 떨기보다는 맡겨 주신 자녀를 하나님 곁으로 더욱 가까이 이끌어 가야 할 것입니다. 그 비결을 담은 귀한 책이 출간되어 기쁩니다. 자녀를 키우는 부모가 이 책을 늘 곁에 두고 기도하며 읽고 또 읽는다면 어느새 마음에 평안과 여유로움이 찾아올 것입니다. 아울러 자녀를 대하는 말의 온도가 달라지고 기다림의 결이 달라질 것입니다. 마침내 자녀와 함께 성장하는 크나큰 기쁨을 누리게 될 것입니다.

이전호 목사(충신교회 위임)

목회자의 한 사람으로서 이 책의 저자 신형섭 교수가 계셔서 하나님께 감사합니다. 저자는 기독교 교육학자로서 이론을 넘어 충신교회 교회학교 현장에서 오랫동안 기독교 교육을 위해 고심해 왔습니다. 오랜 연구의 결과물인 이 책은 신앙 교육의 일차적 현장인 가정의 중요성과 부모 역할의 소중함을 명확히 제시합니다. 저자의 책들은 이해하기 쉽고, 실제로 접목할 수 있는 내용들로 가득합니다. 출간을 다시 한번 축하하며 기쁨으로 추천합니다.

김운성 목사(영락교회 담임)

신앙의 대잇기가 쉽지 않은 시대입니다. 많은 성도가 자녀세대로의 신앙 전수 문제로 곤욕을 겪고 있습니다. 나름 평생을 기독교인으로 잘 살아왔다고 자부하는 신앙인들도 예외가 아닙니다. 이 책은 어떻게 하면 우리 자녀에게 바른 신앙을 전수할 수 있을지 고민하는 부모에게 해갈의 기쁨을 줍니다. 저자는 다음세대로 신앙을 전수하는 과정에서 부모의 역할에 주목하며, 부모가 먼저 신앙 안에서 어떻게 바뀌어야 하는지를 친절하고도 섬세하게 설명합니다. 이 책을 읽어 가다 보면, 막연하고 어렵게만 느껴지던 자녀의 신앙 문제가 잘 정돈될 것입니다. 그리고 30일 동안 용기를 내어 책이 안내하는 길을 따라가다 보면, 놀라운 변화와 기적을 경험하게 될 것입니다.

김경진 목사(소망교회 담임)

신앙은 유전이 아니라 유업으로 전해집니다. 이 책은 성경의 흐름과 현장의 경험을 연결하여 부모의 오늘이 자녀의 신앙을 빚는다는 사실을 분명히 보여 줍니다.

이 책의 30일 여정은 단순한 지식 습득에 머물지 않습니다. 가정예배와 대화, 세계관의 문제까지 '지금 여기'에서 실천할 수 있도록 구체적인 길을 내어 줍니다. 그 길을 따라 부모가 먼저 믿음의 본을 세울 때, 자녀는 말씀을 기준 삼아 복음을 삶으로 맺는 제자로 자라날 것입니다. 자녀에게 신앙을 심어 줄 실제적인 길을 찾는 크리스천 부모에게 이 책을 추천합니다.

김병삼 목사(만나교회 담임)

이 책은 도전적입니다! 부모다운 부모가 되어 자녀를 예수의 제자로 만드는 청지기적 소명을 다하라고 강력히 요청합니다. 이 책은 경험적입니다! 기독교 교육 전문가인 저자의 오랜 경험이 글 곳곳에 녹아 있어 지루하지 않고 흥미롭습니다. 이 책은 실천적입니다! 책의 신선한 구성을 따라 한 꼭지씩 읽고, 묵상하고, 실천하다 보면 어느덧 기독교적 가정으로 이끌립니다. 이 책은 친절합니다! 말씀, 본문, 요점 및 질문으로 이어지는 흐름을 따라가면 자연스레 독자의 마음과 생각과 손발에 스며듭니다. 자녀를 하나님의 방식으로 양육하기 원하는 부모라면, 성경적 가정을 이루기 원하는 그리스도인이라면 이 책을 집어 드십시오.

박경수 목사(장로회신학대학교 총장)

많은 부모가 '가정의 신앙교사'라는 부르심과 사명 앞에 살기를 다짐합니다. 그러나 정작 삶의 자리에서 실천하려고 하면 '어떻게?'라는 질문 앞에 막연해지곤 합니다. 이 책은 그런 질문을 던지는 부모들의 동역자가 되어 주기에 부족함이 없습니다. 저자가 강의 현장에서 치열하게 씨름하며 길어 올린 이 책은 오늘의 가정이

성경을 심는 부모 코칭 30일

실제 마주하는 질문을 정직하게 다루고, 말씀 안에서 길을 찾도록 안내합니다. 말씀을 구체적으로 적용하는 길로 우리를 친절하게 이끌어 줍니다. 이 책이 우리 성도들의 가정에 예배의 울타리를 다시 세우고, 다음 세대를 복음으로 빚어 세우는 든든한 동반자가 되리라 믿어 의심치 않습니다.

강윤호 목사(반포교회 위임)

가족종교화 시대에 교회학교 주체는 교사가 아니라 부모입니다. 따라서 교회 교육에서 부모를 중심으로 교사가 지원하는 체계로의 패러다임 전환이 필요한 시대가 되었습니다. 이 책에서 전개하는 부모에게 요구되는 네 가지 영역, 즉 '성경적 부모 알기' '성경적 자녀 알기' '가정예배 인식 전환' '기독교 세계관으로 양육하기'는 이러한 패러다임 전환의 구체적인 방법론을 안내합니다. 이 책은 이 땅의 수많은 믿음의 부모가 자녀를 신앙으로 교육하는 데 꼭 필요한 내용을 종합적으로 정리한 단비 같은 실천 매뉴얼이자 안내서입니다. 모든 기독교 가정의 필독서로 추천합니다.

지용근 대표(목회데이터연구소)

성경적 부모 알기

가정의 신앙교사는 부모다

part 1

자녀 교육의 책임을
왜 부모에게 물으시는가?

/////////////////////

"여호와 하나님이 아담을 부르시며
그에게 이르시되 네가 어디 있느냐"(창 3:9).

우리는 인류 최초의 범죄인 선악과 사건을 기억합니다. 창세기 3장에 기록된 선악과 사건 이후에 하나님은 아담을 찾아오셔서 엄중히 물으십니다. "아담아, 네가 어디 있느냐?" 우리는 궁금해집니다. 분명히 선악과 사건을 먼저 범한 사람도 하와이고, 아담에게 먹어 보라고 전한 사람도 하와인데, 성경은 하나님이 하와가 아니라 아담에게 먼저 찾아가셔서 물으셨다고 합니다. 하나님은 왜 그러셨을까요?

창세기 2장 17절에 기록된 "선악을 알게 하는 나무의 열매는 먹지 말라 네가 먹는 날에는 반드시 죽으리라"는 말씀을 먼저 들은 자가 하와가 아닌 아담이었기 때문입니다. 하나님은 '먼저 말씀을 어긴 자'가 아니라 '먼저 말씀 맡은 자'를 찾아가셔서 책임을 물으십니다. 그렇습니다. 우리가 하나님 말씀과 언약을 먼저 들은 것은 무엇보다 큰 은혜이지만, 동시에 책임도 맡게 된 것입니다.

____지금 너의 자녀가 어디 있느냐?

지금 우리 자녀세대 복음화율이 미전도 종족의 수준으로 바닥을 치고 있습니다. 이런 상황에 하나님이 누구에게 찾아가서 책임을 물으실까요? 자녀세대에게 왜 이렇게 무너졌냐고 물으시겠습니까, 아니면 하나님의 말씀을 먼저 맡은 부모들에게 찾아와 '지금 너의 자녀가 어디 있느냐'고 물으시겠습니까? 저는 마땅히 먼저 하나님의 말씀을 맡은 부모세대에 찾아와 물으실 것이라고 생각합니다. 지금 너의 자녀가 어디 있느냐고요.

오직 하나님 말씀만으로 다시 교회를 갱신하고 믿음의 세대를 세워 갔던 종교개혁자들이 공통적으로 외쳤던 성경적 가르침은 바로 이것에 대한 선언들이었습니다. 마르틴 루터(Martin Luther)는 종교개혁의 초창기였던 1524년부터 성경적 교육을 강조하며 다음과 같이 외칩니다. "믿음의 부모가 영적 구원을 위해 가장 먼저 책임져야 하는 대상은 바로 자녀입니다."[13]

루터는 믿음의 가정에서 부모는 "하나님의 대리자"(stellvertretender Gott)임을 강조했습니다. 아울러 부모가 자녀에게 기독교 신앙의 핵심인 사도신경, 십계명, 주기도문과 같은 기본 교리와 신앙생활에 대해 가르쳐야 할 의무가 있다고 말했습니다.[14] 종교개혁자 장 칼뱅(John Calvin)도 모든 부모는 가장 먼저 자녀에게 "독트리나"(doctrina)를 가르칠 의무가 있다고 가르쳤는데, 여기서 독트리나는 기독교 기본 지식만이 아니라 하나님이 중심이 되는 신앙인의 삶을 실제로 살아내는 것을 의미합니다.[15] 청교도 시대의 대표적인 목회자이자 신학자인 리처드 백스터(Richard Baxter)는 "부모가 자녀를 말씀과 신앙 안에서 양육하지 않으면 이는 그리스도의 피로 값주고 사신 하나님의 피조물을 도둑질하며, 세상의 종으로 팔아넘기는 것과 같다"고 외쳤습니다.[16]

제가 교회에서 사역하던 때 매주 만났던 교인들과 부모들에게 입버릇처럼 물었던 질문이 있습니다.

"집사님, 개인적으로 회심하셨죠? 그런데 혹시 부모로도 회심하셨습니까? 자녀의 성적과 대학 앞에서도, 취직과 결혼 문제 앞에서도 회심하셨습니까?"

'우리나라의 최대 종교는 대학교'라는 말이 있습니다. 대학교가 유사종교가 되어 버린 한국 사회 안에서도 여전히 그리스도만이 우리 가정과 자녀의 삶에 소망이 됨을 믿습니까?

성경을 보면 초대교회부터 그리스도인들의 또 다른 이름은 복음의 "증인"(눅 24:48, 행 1:8, 2:32, 3:15, 5:32, 10:39, 13:31, 22:15, 26:16)이었습니다. 성경에 기록된 "증인"이라는 헬라어 '마르투스'(μάρτυς)는 당시 순교자(martyr)를 지칭하는 단어와 어원이 같습니다. 한마디로 세상 사람들이 '가이사와 세상이 왕이 되어야 한다'고 말할 때, 복음을 먼저 듣고 믿었던 그리스도인들은 목숨을 걸고 예수만을 왕으로 삼았습니다. 그러기에 역사학자들은 초대교회 기독교인들이 순교할 당시 그들에게 씌워진 죄명이 다름 아닌 정치범이었다고 증언합니다.

가이사만이 왕이 되어야 하는 로마 시대에서도 기독교인들은 목숨 걸고 예수만이 왕이라고 고백했으며, 자신뿐 아니라 가족과 자녀들 에게도 이 사실을 가르쳤습니다.[17] 오늘로 비유하자면, 세상의 대학과 직업이, 스펙과 연봉이 주인 되려고 할 때 예수님만 자녀의 삶에 주인이 되어야 한다고 목숨 걸고 전하는 부모였던 것입니다. 그렇다면 예수를 주로 고백하는 부모인 우리는 오늘 자녀들에게 무엇을 목숨 걸어 전하고 있나요? 그 이름이 예수님의 이름인지, 아니면 대학과 직장의 이름인지 다시금 확인해야 합니다. 이것이 우리 믿음의 척도이자 성경적 신앙 양육의 다림줄이 될 것입니다.

✳ 하나님은 '말씀을 어긴 자'가 아니라 '먼저 말씀 맡은 자'를 찾아가셔서 책임을 물으십니다. 믿음의 부모가 하나님 말씀을 먼저 들은 것은 큰 은혜이면서, 동시에 책임도 주어진 것입니다.

따라쓰기

....

....

....

✳ 부모는 가정의 신앙교사입니다. '부모로서의 회심'은 믿음의 부모가 매일 정직하게 점검해야 할 삶의 걸음입니다.

따라쓰기

....

....

....

믿음의 부모에게 드리는 질문

• 나는 부모로서도 회심했나요? 자녀의 성적과 대학 앞에서도 오직 예수님만이 우선순위가 되고 있나요?

"기도했니?"가 아니라
기도 소리를 들려주기

//////////////////////

"마땅히 행할 길을 아이에게 가르치라
그리하면 늙어도 그것을
떠나지 아니하리라"(잠 22:6).

믿음은 오직 하나님만 주시는 은혜의 선물이기에, 부모가 자녀에게 믿음을 줄 수는 없습니다. 하지만 우리가 분명히 기억해야 하는 것은, 하나님이 부모의 믿음과 순종을 통하여 자녀에게 믿음을 주신다고 언약하셨다는 것입니다. 그 대표적인 말씀 중 하나가 바로 잠언 22장 6절입니다. 하나님은 믿음의 부모가 자녀에게 마땅히 행할 길을 가르치라고 명령하셨습니다. 그러면 자녀가 그 길을 떠나지 않도록 인도해 주겠다고 언약하셨습니다.

____자녀세대가 떠나는 이유, 안 가르쳐서이다

여기서 우리는 질문이 생깁니다. 왜 한국교회 자녀세대가 교회를 떠날까요? 그들은 왜 믿음에서 멀어질까요? 안 가르치니까 떠나는 것입니다. 가르치라는 말씀은 부모에게 주신 명령이고, 안 떠나게 인도하겠다는 말씀은 하나님이 주신 언약입니다. 우리 하나님은 한 번 말씀하시면 반드시 지키시는 줄 믿습니다.

"마땅히 행할 길을 아이에게 가르치라"에서 "길"을 의미하는 히브리어 '데레크'(דֶּרֶךְ)는 '길'이나 '도로'를 의미하지만, 성경에서는 '하나님 보시기에 합당한 길'이라는 의미로 쓰이는 단어입니다. 또 "가르치라”를 의미하는 히브리어 ‘차노크’(חנך)는 지식 전달을 넘어서 ‘삶의 방식이나 습관을 훈련하고 길들인다’는 의미를 담고 있습니다.

이런 관점으로 본문을 다시 읽어 보면, 마땅히 행할 길을 가르치라는 말은 기독교에 관한 지식이나 교리와 같은 정보를 전해 주라는 말이라기보다, 하나님을 믿는 부모의 ‘삶의 방식’을 보여 주라는 의미로 해석할 수 있습니다. 한마디로 하나님을 믿는 신앙의 부모를 통해서만 볼 수 있는 구별된 삶의 방식을 보여 주라는 것입니다.

어떤 모습이 있을까요? 예를 들면, 위기가 왔을 때 무릎 꿇고 기도하는 모습을 자녀에게 보여 주는 것입니다. 감사한 일이 있으면 가족이 모여 하나님을 찬양하는 소리가 문지방을 넘어가는 모습을 자녀에게 보여 주는 것입니다. 길이 보이지 않는 때가 오면 하나님의 말씀으로 뜻을 구하는 부모, 그 말씀대로 순종하며 걷는 부모의 모습을 보여 주는 것입니다.

그렇게 말씀과 무릎으로 삶을 살아 내면 하나님의 때가 되어 하나님의 역사가 아니고는 설명할 수 없는 기적 같은 간증이 생깁니다. 그럴 때 자녀에게 하나님은 귀로 듣던 교리의 하나님이 아니라 내 눈으로 보았다고 고백하는 살아 계신 체험의 하나님이 됩니다. 신앙의 부모가 삶의 한복판에서 하나님을 믿는 자의 자리를 지킬 때 그 삶이 자녀에게 믿음의 본이 되어 마음에 새겨지는 것입니다.

그러기에 가정은 믿음의 부모가 자녀에게 마땅히 행할 길을 삶으로 직접 가르치는, 가장 핵심적이며 강력한 신앙 전수의 현장입니다. 자녀들은 부모를 통하여 신앙의 문법을 배워 갑니다.

초대교회의 대표적인 교부인 성 크리소스톰(John Chrysostom), 알렉산드리아의 클레멘스(Clement of Alexandria), 성 어거스틴(Augustine of Hippo)이 공통으로 증언하는 것이 있습니다. 바로 기독교에 대한 극심한 핍박과 거친 세속 사회 안에서도 믿음의 가정마다 거룩한 의례가 있었다는 것입니다.[18] 청교도 시대의 위대한 신학자이자 목회자인 토마스 왓슨(Thomas Watson)은 하나님의 말씀을 자녀가 듣게 하는 것과 기도와 말씀 안에서 살아가도록 돕는 것, 그리고 가정예배를 정기적으로 드리는 것을 강조하였습니다.[19] 오직 성경에 나와 있는 말씀만을 근거로 작성된 웨스트민스터 대요리문답(Westminster Larger Catechism) 제129문과 130문에 따르면, 부모는 자녀를 신앙으로 양육하고 실천, 권고, 인도하는 책임이 있을 뿐 아니라, 하나님의 백성으로서 삶의 모범을 보여야 할 의무도 있음을 선언합니다.[20]

___ 걱정이 아니라 기도 소리를 들려주라

지금 우리는 일상에서 자녀의 귀에 무엇을 먼저 들려주고 있습니까? 우리가 늘 기억해야 할 하나님의 말씀은 '믿음은 들음에서 난다'는 것입니다(롬 10:17). 많은 믿음의 부모들은 자녀가 중요한 시험을 앞두거나 큰 위기에 마주하게 될 때면, 새벽기도에 나가 하나님의 은혜를 구하고 허락하신 말씀을 붙들며 기도합니다. 그런데 문제는 그렇게 기도를 마치고 집으로 돌아와 밥을 먹으면서 자녀의 귀에 "너 어쩔 거냐?" "너 그렇게 하다간 길이 안 보인다"고 말한다는 것입니다. 우리가 잊지 말아야 할 것은 무엇입니까? 자녀가 기억하고 마음에 새기는 메시지는 새벽기도에 나가서 기도한 부모의 기도 소리가 아닙니다. 자녀는 자신의 귀로 들은 부모의 불안해하고 걱정하는 탄식의 소리를 기억합니다. 부모가 자녀에게 남기고픈 메시지는 무엇입니까? "아빠와 엄마는 하나님이 반드시 네게 지혜와 힘 주실 것을 믿는다" 아닙니까? 그런데 정작 자녀는 "정말 너는 길이 보이지 않는 인생이구나"라고 탄식하는 목소리를 기억할 가능성이 높습니다.

따라서 부모는 모든 문제보다 크신 하나님을 진심으로 신뢰하고 믿어야 합니다. 그럴 때 자녀의 삶에 문제는 없고, 그 문제를 하나님의 뜻과 능력으로 바꾸실 은혜의 상황만 있게 될 것입니다. 은혜의 하나님을 먼저 경험하고 신뢰하는 부모의 입술을 통해 "하나님이 약할 때 강함이 되어 주신다" "하나님이 네 삶을 오늘도 붙들어 주신다"는 믿음의 말이 자녀에게 선포될 때 자녀는 현실의 두려움 아래 매몰되지 않고, 말씀의 반석 위에 다시 힘 있게 일어나게 될 것입니다.

우리 자녀들은 어리면 어릴수록 부모가 보여 주는 대로 보고, 들려주는 대로 듣고, 입혀 주는 대로 입습니다. 믿음의 부모가 자녀들에게 무엇보다 기도를 보여 주고 들려주고 입혀 주며 양육할 때, 자녀들은 성장해서도 부모를 통해 보고 들었던 대로 기도합니다. 오늘도 자신의 작고 큰 고민과 문제를 가지고 하루를 살아가는 자녀들에게 "오늘도 기도했니?"라고 묻기 전에 먼저 자녀를 위한 기도 소리를 들려주는 부모가 되기를 바랍니다.

마음에 새기는 한 문장 🖉

✱ 마땅히 행할 길을 가르치라는 것은 '지식'을 전하라는 말이 아니라 '삶의 방식'을 보여 주라는 뜻입니다. 자녀는 부모의 입이 아니라 등을 보고 신앙을 배웁니다.

따라쓰기

✱ 위기가 오면 무릎 꿇어 '기도'하고, 감사한 일이 생기면 두 손 들어 '찬양'하는 부모의 모습은 자녀의 인생에 강력한 신앙 지도가 됩니다.

따라쓰기

믿음의 부모에게 드리는 질문

• 자녀가 실수하거나 좌절할 때 나는 하나님의 도우심을 구하며 함께 무릎 꿇는 부모였나요, 아니면 문제를 해결하려 급히 판단하고 가르치려 한 부모였나요?

하나님의 생활방식을 따라 살게 하기

///////////////////////

"내가 그로 그 자식과 권속에게 명하여
여호와의 도를 지켜 의와 공도를 행하게 하려고 그를 택하였나니
이는 나 여호와가 아브라함에게 대하여 말한 일을
이루려 함이니라"(창 18:19).

아들이 유치원 다닐 때부터 시간이 나면 종종 아들과 야구 놀이를 했습니다. 집 앞 문방구에서 산 오천 원짜리 플라스틱 야구 배트와 고무공으로 하는 야구 놀이인데요, 하루는 야구 배트가 어디 있는지 찾지 못한 적이 있습니다. 그런데 함께 야구 배트를 찾던 아들이 작은방으로 들어가더니 어린이용 바이올린을 들고 나오며 말했습니다.

"아빠, 이걸로 야구해요!"

불현듯 상상을 했습니다. 만일 아들이 가지고 나온 바이올린이 어린이용이 아니라 비싸기로 유명한 스트라디바리우스 바이올린이었다면 나는 어떻게 반응했을까요? 아마도 아이에게 달려가 손에 든 것을 뺏으며 이렇게 말했을 것 같습니다.

"이 바이올린은 야구하려고 만든 게 아니야!"

왜냐하면 제아무리 수천만 원에 달하는 악기라도 아들이 야구 놀이를 할 요량으로 집어 들었다면, 오천 원짜리 야구 배트가 되고 만다는 것을 알기 때문입니다. 그러나 그 바이올린을 세계 최고의 바이올리니스트에게 건네면 달라집니다. 그 바이올린은 다시 자신의 원래 가치만큼 귀중해집니다.

이렇듯 죽은 나무로 만든 악기도 목적대로 쓰임 받을 때 가장 반짝이고 가치가 있는 존재가 되는데, 예수님의 보혈 값으로 구원받은 우리 가정과 자녀의 인생은 어떻겠습니까? 마땅히 하나님이 만드신 목적대로 쓰임 받을 때 가장 존귀한 인생이 되지 않겠습니까? 하나님은 왜 우리를 믿음의 부모로 부르셨을까요? 하나님은 믿음의 조상을 부르셨을 때부터 우리에게 자녀를 주시려는 목적이 무엇인지 명백하게 선언하셨습니다. 그 선언이 창세기 18장 19절입니다.

하나님이 갈대아 우르에 살던 아브라함을 부르셔서 가나안 땅으로 인도하시며 그에게 재산과 건강과 믿음과 리더십을 주신 이유가 있습니다. 그를 통하여 그의 자녀가 여호와의 의와 공도를 행하는 것을 보고 싶으셨기 때문입니다. 아브라함이 세상 사람들보다 더 많은 재산을 취하고, 더 화려한 인생을 누리게 하기 위하여 그를 부르신 것이 아니라는 말입니다. 하나님은 아브라함의 자녀가 하나님 백성으로 이 땅에서 살아가는 모습을 보고 싶으셔서 아브라함을 부르셨습니다.

하나님이 우리를 부르신 목적을 '소명'(caling)이라고 부르며, 부르심을 받은 자가 그 목적을 이루기 위해서 받은 임무를 '사명'(mission)이라고 말합니다. '소명'을 따라 가나안 땅에서 새로운 삶을 살아가던 아브라함에게 가장 먼저 주어진 '사명'은 자녀가 여호와의 의와 공도를 지키는 자로 살도록 양육하는 것이었습니다. 이 사명을 위하여 최선을 다해 살아 낼 때, 하나님은 아브라함에게 필요한 믿음도, 재정도, 땅도, 리더십도, 지혜도 부어 주셨음을 성경은 증언합니다.

그렇다면, 하나님이 믿음의 부모인 우리에게 자녀를 주신 이유도 분명히 있을 것입니다. 우리를 통하여 자녀가 그들이 속한 교회와 학교, 일터, 그리고 세상에서 하나님의 의와 공도를 따르는 믿음의 세대로 자라 가도록 하기 위함입니다. 이 목적이 우리의 사명이 될 때, 자녀세대가 여호와의 의와 공도를 세상 가운데 지키며 살아가기 위하여 필요한 모든 것을 하나님이 제공해 주실 것입니다. 왜냐하면, 이 목적이야말로 우리 인생이 하나님의 목적을 따라 평생을 걸어가는 동안의 사명이요, 자녀를 향한 내 계획과 바람을 넘어선 하나님의 소망이고, 비전이기 때문입니다.

＿＿ 신앙의 바통을 이어받은 자녀세대

올림픽의 역사는 1968년 멕시코 올림픽 마라톤 경기의 주인공 존 스티븐 아쿠와리(John Stephen Akhwari)를 기억합니다. 그는 탄자니아의 마라톤 선수로, 1등이 아니라 가장 마지막으로 결승선에 도달했습니다. 아쿠와리는 경기가 시작되고 얼마 되지 않아 다른 선수와 부딪혀 넘어지면서 무릎이 탈골되는 큰 부상을 입었습니다. 의료진도 병원으로 이송해야 한다고 강력히 말했습니다. 그러나 그는 무릎을 붕대로 감은 채 결국 42.195km를 멈추지 않고 뛰었습니다. 이 소식을 전해 들은 관중은 올림픽 경기장을 떠나지 않고 그를 기다렸고, 마침내 아쿠와리가 결승선에 도달했을 때 박수를 멈추지 않았습니다. 기자가 아쿠와리에게 왜 경기를 포기하지 않았느냐고 물었을 때 그는 이렇게 말했습니다. "조국이 저를 5,000마일이나 떨어진 이곳까지 보낸 이유는, 단지 출발선에 선 모습을 보기 위해서가 아닙니다. 경기를 끝까지 완주하는 모습을 보기 위해서입니다."

히브리서가 증언하듯, 우리는 평생 믿음의 경주를 하는 자들입니다(히 12:1). 하나님은 우리가 믿음의 부모로서 출발선을 넘어가게 하셨습니다. 그런 우리에게 주신 사명이 있습니다. 부모가 믿음의 경주를 힘 있게 완주하는 것을 자녀와 그 세대가 목도하게 하는 것입니다. 그리고 부모가 믿음의 경주를 완주하고 신앙의 바통을 자녀세대에게 넘겨주는 것입니다. 자녀세대는 신앙의 바통을 이어받아 부모가 임했던 믿음의 경주를 힘차게 달려나갈 것입니다. 신앙의 바통은 '언젠가 그날에' 전해 줄 것이 아니라, '오늘 우리의 삶'을 통해 전해 주어야 할 믿음의 유산입니다.

　　　　　　　　　　　　　　　　　　　

마음에 새기는 한 문장 ✏️

✶ 우리 삶은 목적대로 쓰임받을 때 가장 반짝입니다. 우리를 믿음의 부모로 부르신 목적은 우리를 통해 자녀들이 여호와의 '의와 공도를 지키게 하기 위해서'입니다.

따라쓰기

✶ 하나님이 우리에게 믿음과 지혜, 재정과 리더십을 주신 이유는 다름 아닌 우리를 통해 자녀를 믿음의 사람으로 세우시기 위함입니다.

따라쓰기

믿음의 부모에게 드리는 질문

• 자녀의 성공과 행복을 위해 기도할 때, 신앙의 바통을 '언젠가 그날에' 전해 주어야 할 과제가 아니라, '오늘 우리의 삶'을 통해 전해 주어야 할 믿음의 유산으로 고백하고 있습니까?

통제를 멈추고
하나님 방식대로 양육하기

"보라 자식들은 여호와의 기업이요
태의 열매는 그의 상급이로다"(시 127:3).

"너는 마음을 다하고 뜻을 다하고 힘을 다하여
네 하나님 여호와를 사랑하라"(신 6:5).

성경은 하나님이 우리의 아버지 되심을 선언하고 있습니다. "그러나 여호와여, 이제 주는 우리 아버지시니이다 우리는 진흙이요 주는 토기장이시니 우리는 다 주의 손으로 지으신 것이니이다"(사 64:8). 또한 성경은 믿음의 부모들에게 허락한 자녀들이 나의 자녀이기 전에 하나님의 자녀임을 분명히 하고 있습니다(시 127:3). 하나님은 자녀가 내가 만든 나의 소유가 아니라 하나님이 친히 지으시고 우리에게 맡겨 주신 여호와의 선물이라고 말씀하십니다. 한마디로 자녀는 믿음의 부모인 나를 '통해서' 이 세상에 나왔지만, 내가 아닌 하나님의 자녀라는 것입니다.

____ 말씀이 부모의 삶에 작동할 때 권위가 생긴다

이렇듯, 우리 아이가 내 자녀이기 전에 하나님의 자녀임을 분명히 한다면, 자녀 양육도 내 방식대로가 아니라 하나님 방식대로 해야 합니다. 그렇다면, 자녀를 하나님 방식대로 양육한다는 것은 어떤 의미일까요? 아브라함, 요게벳, 한나, 유니게 등과 같이 성경 속 믿음의 부모가 보였던 모범적인 자녀 양육의 현장에 공통으로 나오는 자녀 양육의 기초는 부모가 '먼저' 견고한 믿음 위에 서는 것입니다.

하나님은 아브라함의 이름을 '한 가정의 존경받는 아버지'라는 의미의 '아브람'에서 '열방을 섬기는 아버지'라는 의미의 '아브라함'으로 바꾸어 주셨습니다. 이렇게 아브라함은 정체성이 완전히 바뀐 후에야 비로소 이듬해에 믿음의 자녀 이삭을 자녀로 얻었습니다. 요게벳 또한 애굽 땅에서 긴 믿음의 끝을 붙들고 바로(파라오)의 명령보다 하나님의 말씀에 순종하고 결단할 때 모세를 자녀로 품을 수 있었습니다.

한나는 어떻습니까? 모두 자기 소견에 옳은 대로 행하였던 사사 시대에도 상황에 무너지지 않고 하나님께 자신의 삶을 맡기며 기도와 서원으로 나아갈 때, 하나님은 말씀의 종인 사무엘을 허락하셨습니다. 믿음의 어머니 유니게가 자신의 어머니 로이스에게 배운 대로 거짓이 없는 믿음과 굳건한 신앙으로 살아 내는 모습을 보시고 하나님은 그의 아들 디모데를 신앙의 자녀로 서게 하셨습니다.

성경은 믿음의 자녀 이삭을 말하기 전에 아브라함의 믿음을 먼저 기록하고 있으며, 민족의 영도자 모세를 말하기 전에 그의 어머니 요게벳의 믿음을 먼저 증언합니다. 말씀의 종 사무엘을 소개하기 전에 어머니 한나의 기도를 먼저 언급하고, 초대교회 목회자였던 디모데를 말하기 전에 그의 어머니 유니게를 먼저 기록하고 있습니다.

신명기 6장 5-7절은 성경적 자녀 양육의 대표적인 말씀으로, 쉐마 말씀이라고도 합니다. 그런데 이 말씀도 부모를 향한 명령으로 시작합니다. 자녀에게 가르치기 전에(7절) 부모가 하나님을 '먼저' 사랑하는 것이(5절) 하나님이 자녀 양육을 위해서 명령하신 최우선 원칙

　　　　　　　　　　　　　　　　성경을 심는 부모 코칭 30일

입니다. 따라서 신앙 전수의 구체적인 지침을 주실 때도, 하나님은 부모가 '먼저' 해야 할 일을 다시금 상기시키십니다. 특별히 6절 "오늘 내가 네게 명하는 이 말씀을 너는 마음에 새기고"에서 사용한 "마음"의 히브리어 단어는 '레바브'(לבב)로, '중심'이라는 뜻입니다. 다시 말하면, 자녀에게 하나님에 대하여 전하기 전에, 하나님이 부모 자신에게 어떤 분이며 어떤 말씀을 하셨는지를 부모의 중심에 먼저 새기라는 것입니다. 그렇게 하나님을 향한 견고한 신앙이 부모 마음에 새겨져 하나님의 말씀이 부모의 삶에 작동하는 것을 볼 때, 그 부모의 입에서 나오는 말의 권위가 비로소 자녀에게 생기게 되는 것입니다.

____ '내 방식'이 아니라 '하나님 방식'대로

부모가 먼저 견고한 믿음 위에 서게 될 때, 부모는 자녀를 양육하는 주체가 다름 아닌 하나님이심을 진심으로 고백하게 됩니다. 인류 최초의 아버지인 아담이 가인을 낳고 "내가 여호와로 말미암아 득남하였다"(창 4:1)라고 고백합니다. 믿음이 있어 보이지만, "내가 가인을 낳았다"고 고백하는 주어는 당황스럽게도 '여호와'가 아니라 '나'입니다. 그리고 성경은 내가 주어가 되어서 길러 낸 가인의 삶과 믿음이 결코 온전하지 않았음을 증언합니다.

반면, 믿음의 어머니 한나는 사무엘을 낳고 "내가 구하여 기도한 바를 여호와께서 내게 허락하신지라"(삼상 1:27)라고 고백합니다. 한나는 자녀를 낳은 주어가 '나'가 아닌 '여호와'라고 고백합니다. 자녀 양육의 주체가 하나님이시라고 고백한 것입니다. 사무엘은 여호와와 사람들에게 더욱 은총을 받으며 자라났다고 성경은 증언합니다.

성경은 우리의 자녀를 "여호와의 기업"(시 127:3)이라고 말합니다. 우리 가정에 주신 자녀는 내가 주어가 되어 그려갈 인생이 아니라 하나님이 디자인하시고 그분의 계획만큼 키워나가실 기업이라는 언약의 말씀입니다. 이렇게 하나님이 친히 그분의 자녀를 길러 내시는 동안 믿음의 부모는 하나님 손에 붙잡힌 붓과 같습니다. 그림의 선과 색이 붓을 통해 그려지지만, 실제로 그림을 그리는 이는 붓이 아니라 화가입니다. 만일 내가 자녀 인생을 그려 내는 화가가 되면 최선을 다해도 내 수준만큼만 그릴 수밖에 없습니다. 그러나 하나님이 친히 화가가 되어 주시면 자녀의 인생을 향하신 하나님의 경륜과 능력만큼 위대한 작품을 마침내 그려 내실 것입니다.

자녀가 나의 자녀이기 이전에 하나님의 자녀임을 인정할 때, 부모는 '내 방식'이 아니라 '하나님 방식'대로 다시 양육해야 합니다. 부모인 우리가 먼저 견고한 믿음 위에 서야 합니다. 우리가 하나님 손에 붙잡힌 붓으로 쓰임받는 부모가 될 때, 전능하신 하나님이 자녀의 삶에 진정한 화가가 되셔서 하나님 나라를 그려 내실 것입니다.

✱ 자녀는 나의 자녀이기 전에 하나님의 자녀입니다. 내 뜻이 아니라 하나님 말씀을 반석 삼아 양육해야 합니다.

따라쓰기

✱ 오늘도 하나님은 부모를 붓 삼아 자녀의 삶에 하나님 나라를 그려 가십니다. 하나님의 손 안에서, 나의 뜻을 내려놓고 하나님의 뜻에 순종함으로 자녀를 여호와의 기업으로 세워 가기를 바랍니다.

따라쓰기

믿음의 부모에게 드리는 질문

• 혹시 자녀의 인생에서 내가 화가처럼 통제하고 있는 부분이 있나요? 그 영역을 하나님의 손에 내어드릴 용기가 있나요?

신앙 전수,
설득이 아니라 증언

////////////////////////

"오늘 내가 네게 명하는 이 말씀을 너는 마음에 새기고
네 자녀에게 부지런히 가르치며 집에 앉았을 때에든지
길을 갈 때에든지 누워 있을 때에든지 일어날 때에든지
이 말씀을 강론할 것이며"(신 6:6-7).

신명기 6장 6-7절에 나오는 쉐마 말씀은 믿음의 부모세대에게 하나님의 말씀을 부지런히 전수하라는 내용을 담고 있습니다. 신명기에는 6장 말고도 여러 곳에서 쉐마의 명령을 반복하고 있습니다. 30장 15절에도 "보라 내가 오늘 생명과 복과 사망과 화를 네 앞에 두었나니"라고 하면서 이스라엘 백성이 들어가게 될 새로운 땅인 가나안에서의 삶에 생명의 길과 화의 길이 있을 것이라고 말합니다.

이 말씀은 하나님이 이스라엘 백성의 가정에 복도 준비하시고 화도 준비하셨다는 뜻이 아닙니다. 하나님의 말씀에 순종하여 살아가는 인생은 하나님이 생명과 복의 길을 책임지시지만, 그렇지 않으면 하나님을 잃어버린 사망과 화의 길을 마주한다는 말입니다.

____ 내가 해내는 것이 아니라 하나님이 해주시는 것

그렇다면, 쉐마의 말씀대로 가정에서 자녀에게 하나님의 말씀을 전한다는 것은 구체적으로 어떤 의미일까요?

첫째, 신앙 전수의 명령은 하나님이 부모에게 주신 종교적 숙제가 아니라 소망의 언약입니다. "이 말씀을 너는 마음에 새기고"(6절)에서 "이 말씀"은 무엇일까요? 40년 전 부모세대가 출애굽할 때 애굽의 왕

바로를 그들 눈앞에서 무릎 꿇리시고, 홍해를 마른 땅처럼 건너가게 하신 하나님의 역사와 언약의 말씀을 말하는 것입니다. 하나님은 이스라엘 백성이 40년 광야 생활을 하는 동안 낮에는 구름기둥, 밤에는 불기둥으로 그들과 늘 함께하셨고, 아침이면 만나와 메추라기로 먹이셨습니다. 하나님이 계셨기에 그들은 아무것도 없는 광야에서 주리지도, 얼어 죽지도 않았습니다.

즉 "이 말씀"은 누가 뭐래도 내 삶에 분명히 살아 역사하신 하나님의 말씀을 말하는 것입니다. 부모가 자녀에게 하나님이 누구신지를 알려 주기 전에 부모의 마음에 "이 말씀"을 먼저 새겨야 합니다. 왜 그럴까요? 부모의 마음에 하나님의 살아 계심과 신실한 언약이 현재형으로 살아 있는 한 하나님은 자녀의 삶에도 똑같이 은혜로 붙드시고 능력으로 인도하실 것을 믿게 되기 때문입니다. 그러기에, 부모의 마음에 살아 있는 하나님을 자녀에게 전한다는 것은 더 이상 종교적 숙제가 아니라 소망의 언약이 됩니다.

"항상 기뻐하라 쉬지 말고 기도하라 범사에 감사하라"(살전 5:16-18)는 말씀을 들으면 우리 마음에 기쁨과 소망이 충만해지기보다는 적지 않은 부담이 생깁니다. 그렇게 행하지 못할 것을 뻔히 알기 때문입니다. 차라리 '가끔 기뻐하라' '밥 먹을 때 기도하라' '좋은 일 생기면 감사하라'라고 말씀하셨다면 부담 없이 "아멘" 했을 것입니다. 그런데 왜 하나님은 우리가 해낼 수 없을 것 같은 수준의 말씀을 선언하시며 이것이 우리를 향하신 하나님의 뜻이라고 하실까요?

이 말씀은 24절에서 이렇게 마무리되는데, "너희를 부르시는 이는 미쁘시니 그가 또한 이루시리라"라고 선언합니다. '내'가 그 명령을 이루는 것이 아니라, '하나님'이 이루신다고 말씀하는 것입니다. 우리가 해내는 것이 아니라, 하나님이 해주시는 것입니다. 항상 기뻐하지 못했던 나를 항상 기뻐하게, 기도를 잊고 살던 나를 쉬지 않고 기도하게, 감사에 인색했던 나를 범사에 감사하는 자로 바꾸시는 하나님입니다. '내'가 해내는 것이 아니라 '하나님'이 이루어 주시는 것이 그분의 작정이요 계획인 줄 믿습니다.

그러기에, 쉐마에 나오는 "이 말씀을 마음에 새기고 자녀에게 부지런히 전하는 것"은 우리에게 해내라고 숙제를 내주신 것을 넘어서 하나님이 그렇게 하시겠다는 의지요 작정이자 언약입니다. 자녀는 내 자녀기 전에 하나님의 자녀입니다. 내 자녀의 아버지 되시는 하나님은 내 수준이 아니라 하나님의 계획만큼 역사하십니다.

____ 내가 경험한 하나님을 증언하는 것

둘째, 신앙 전수를 위한 우리의 가르침은 설득이 아니라 증언이 되어야 합니다. 쉐마 말씀에 나오는 '가르치고, 강론하라'는 마치 우리가 성경적인 지식과 내용을 논리적으로 잘 준비하여 자녀를 설득하라고 말씀하시는 것처럼 들립니다. 그런데 이 말씀의 히브리어 원문에 보면 "네 자녀에게 하나님의 말씀을 증언하라"고 해석할 수 있습니다. 즉, 말씀을 가르치는 것은 설득이 아니라 증언입니다. 내가 보고 경험한 하나님을 그대로 전하라는 것입니다. 말씀에 순종하여 부모가 하나님을 증언할 때 성령님이 친히 설득해 주실 줄 믿습니다.

그러니, 부모가 자녀를 '인격적으로' 신앙 양육한다는 이유로 신앙에 관한 대화를 '포기'하는 것은 결코 성경적인 양육이 아닙니다. 자녀가 신앙을 거부할수록 부모는 더욱 그들의 귀에 하나님이 자녀를 향하여 어떤 마음을 갖고 계시는지 계속 증언해야 합니다. 자녀의 신앙과 삶을 품고 기도할 때마다 하나님이 주신 언약과 마음을 자녀 귀에 들려주는 것입니다.

예를 들면, 자녀가 주일 아침 교회 가기를 거부할 때 그들이 억지로 교회 가도록 강요하는 것보다, 먼저 그 자녀를 향하신 하나님의 변치 않는 마음과 교회로 나아오기를 기다리고 계심을 증언하는 것이 좋습니다. 하나님은 믿음이 들음에서 나온다고 말씀하셨습니다. 우리가 먼저 하나님 말씀과 그분의 사랑을 들려줄 때 하나님이 자녀의 비어 있는 마음에 믿음을 채우십니다. 큰 수조에 물을 넣을 때 처음에는 물이 차지 않는 것처럼 보입니다. 그러나 때가 되어 물이 수조의 높이만큼 차면 물은 한 방울만 들어가도 넘칩니다. 하나님이 부으시는 믿음의 높이도 하나님의 때가 되면 넘쳐나게 됩니다.

오늘도 자녀들의 귀에 가장 먼저 부모가 들려주어야 할 말은 그들을 향하신 하나님의 포기치 않고 안아 주시는 은혜의 메시지입니다. 우리가 자녀에게 말씀과 진리를 증언할 때, 성령님은 우리의 입술을 통해 설득하시고 믿음을 주실 줄 믿습니다.

✸ 자녀에게 신앙을 전수한다는 것은 종교적 숙제를 해내는 것이 아니라, 하나님의 소망의 언약을 기억하는 일입니다. 신앙을 전하는 것은 설득이 아니라, 부모의 삶에서 역사하신 하나님을 삶으로 증언하는 것입니다.

따라쓰기

....

....

....

✸ 부모인 나의 삶 속에서 행하신 하나님을 기억할 때, 자녀의 삶에도 똑같이 역사하실 하나님을 믿는 소망과 힘이 생깁니다.

따라쓰기

....

....

....

믿음의 부모에게 드리는 질문

• 자녀와 신앙을 이야기할 때 어떤 방식으로 하고 있나요? 내가 해내야 한다는 부담감으로 설득하고 가르치려 하고 있지는 않나요? 내 삶에 역사하신 하나님을 증언해 본 적이 있나요? 하나님이 이루신다는 믿음으로 자녀를 바라보고 있나요?

자녀의 신앙 기본권을
보장해 주는 부모

/////////////////////

"또 아비들아 너희 자녀를 노엽게 하지 말고
오직 주의 교훈과 훈계로 양육하라"(엡 6:4).

유엔은 1989년 11월 20일에 이른바 아동권리장전이라고 불리는 유엔 아동 권리 협약(Convention on the Rights of the Child)을 만장일치로 채택하였습니다.[21] 국제적 약속인 이 협약의 주된 내용은 아동이 바르게 성장할 수 있도록 부모가 마땅히 보장해 주어야 하는 기본권으로서, 4대 아동 기본 권리인 생존권, 보호권, 참여권, 발달권에 대한 것입니다.

여기서 생존권이란 아동이 건강하고 안전하게 살아가기 위해 적절한 음식과 영양분을 제공받을 권리를 말하며, 보호권이란 폭력, 학대, 차별 등으로부터 보호받을 권리를 의미합니다. 참여권은 아이들이 자신의 생각과 의견을 자유롭게 표현하고 참여할 수 있는 권리이며, 발달권은 아이들이 교육받고 친구들과 함께 건강하게 성장할 권리입니다. 현재 전 세계 196개국은 이 협약에 따라 아동의 4대 기본 권리를 국가 정책과 법률로 보장하고, 이를 부모의 중요한 책임으로 명시하고 있습니다. 다시 말해, 모든 부모는 자녀가 건강하게 살아가고 안전하게 보호받으며, 자신의 생각을 자유롭게 표현하고 배우며 성장할 수 있도록 책임 있게 돌볼 의무가 있습니다.

부모라면 마땅히 자녀에게 4대 아동 기본 권리를 보장해 주어야 합니다. 마찬가지로 하나님의 자녀인 우리 아이들에게는 신앙적 생존권, 신앙적 보호권, 신앙적 참여권, 신앙적 발달권이 보장되어야 한다고 생각합니다.

첫째, 신앙적 생존권은 자녀가 신앙적으로 건강하고 안전하게 살아가기 위해 영적인 음식인 하나님의 말씀을 정기적으로 제공받을 권리를 말합니다. 둘째, 신앙적 보호권은 자녀가 세상의 죄와 유혹으로부터 자신을 지킬 수 있도록 부모로부터 합당한 기준과 분별을 제공받을 권리입니다. 자녀가 다니는 학교의 문화나 친구들의 기준에 따라 세상은 '그렇게 행동해도 괜찮다'고 말할지라도, 믿음의 부모는 하나님의 말씀을 기준으로 그 행동과 기준이 자녀의 신앙과 삶에 어떤 영향을 미치는지 마땅히 알려 주고 지도해야 하는 책임이 있습니다. 셋째, 신앙적 참여권은 자녀가 신앙과 하나님에 대하여 질문이 생겼을 때 자신의 생각을 묻고 이에 대하여 안전하게 대화하며 배움에 참여할 수 있는 권리입니다. 넷째, 신앙적 발달권은 자녀가 자신의 또래 친구들과 함께 신앙 안에서 영적으로 성장할 권리로써, 부모는 자녀가 믿음의 친구들을 만나고 함께 성장하며 신앙의 추억을 쌓아가도록 도울 책임이 있습니다.

_____ 주의 교훈과 훈계는 무엇인가?

에베소서 6장 4절은 신약성경에 기록된 대표적인 자녀 양육 말씀입니다. 말씀에서는 부모에게 "자녀를 노엽게 하지 말고 오직 주의 교훈과 훈계로 양육하라"고 선언합니다. 여기에서 "교훈"에 해당하는 헬라어 '파이데이아'(παιδεία)는 '양육' '교육' '훈련'을 의미하는 단어로, 단순한 지식 전달을 넘어서 인격적, 도덕적, 사회적, 영적인 성장을 포함하는 전인적인 교육을 의미합니다. 반면에 "훈계"로 번역한 헬라어 '노우데이시아'(νουθεσία)는 '권면' '경고' '교정'을 나타내는 단어로, 자녀가 잘못된 행동을 했을 때 이를 돌이키게 하고 바르게 인도하는 의미입니다.

에베소서 6장 4절의 "교훈"과 "훈계"는 자녀의 신앙 기본권과 매우 밀접하게 연결되어 있습니다. 먼저, 교훈적 양육(파이데이아)은 자녀의 신앙적 생존권, 신앙적 참여권, 신앙적 발달권의 개념과 맞닿아 있습니다. 즉, 자녀가 기독교 신앙에 관한 기본적인 지식과 성경 이야기와 가치를 배우며 자랄 수 있도록 부모는 자녀에게 안전하고 정기적인 말씀 읽기, 가정예배 드리기, 기독교 절기와 문화를 배우며 자라날 공간과 시간을 보장해 주어야 합니다. 또한 부모는 자녀가 삶의 고민과 이슈를 함께 나눌 수 있는 믿음의 또래 친구들이 있는지 지속적으로 살피며, 환대하는 신앙공동체 안에 속할 수 있는 기회를 가질 수 있도록 도울 책임이 있습니다.

반면, 훈계적 양육(노우데이시아)은 신앙적 보호권, 신앙적 참여권과 관련이 있습니다. 믿음의 부모는 자녀가 학교나 세상 속에서 '영적인 유혹과 폭력'에 노출되어 있는지를 부지런히 살피며, 위험하거나 잘못된 길로부터 그들을 합당하게 보호하고 인도할 의무가 있습니다. 자녀를 영적인 위험으로부터 보호하고 교정하는 신앙적 보호권은 반드시 자녀들이 자신의 생각과 의견을 부모에게 안전하게 말할 수 있는 신앙적 참여권과 균형을 이루며 행사되어야 합니다. 왜냐하면, 성경은 주의 교훈과 훈계를 명하시는 대전제를 "자녀를 노엽게 하지 말고"라고 말하고 있기 때문입니다.

마치 소낙비가 내려도 그릇에 뚜껑이 닫혀 있으면 물이 한 방울도 들어가지 않듯이, 자녀의 마음이 노여워지면 주의 교훈과 훈계가 그들의 마음에 들어가지 않습니다. 우리가 반드시 기억해야 하는 전제는 '지금 나의 양육이 자녀의 마음을 노엽게 하는 것은 아닌지'를 살펴보는 것입니다.

바로 여기에서 우리는 성경적 신앙 양육에 왜 말씀 묵상과 기도가 호흡처럼 늘 실천되어야 하는지를 다시금 깨닫습니다. 우리는 오직 말씀의 다림줄과 언약을 통해서만 자녀 삶의 복과 화의 길을 분별하고 안내할 수 있습니다. 또한 오직 성령의 지혜와 설득하심을 통해서만 자녀 마음에 노여움이 사라지고 변화할 수 있습니다. 자녀의 네 가지 신앙 기본권을 다시 돌아보기를 원합니다. 오늘도 나는 하나님이 자녀에게 부여하신 신앙의 네 가지 기본권을 든든히 보장하며 양육하는 믿음의 부모로 살아가야 합니다.

✖ 부모라면 마땅히 자녀에게 4대 아동 기본 권리를 보장해 주어야 합니다. 마찬가지로 믿음의 부모는 자녀에게 신앙적 생존권, 신앙적 보호권, 신앙적 참여권, 신앙적 발달권을 보장해 주어야 합니다.

따라쓰기

....

....

....

✖ 주의 교훈(파이데이아)과 훈계(노우데이시아)를 따라 자녀의 신앙적 기본 권리를 보장해 주는 믿음의 부모로 살아가겠습니다.

따라쓰기

....

....

....

믿음의 부모에게 드리는 질문

• 신앙의 네 가지 기본권 가운데, 믿음의 부모로서 내가 가장 충실히 지켜 주고 있는 것은 무엇이며, 놓치고 있는 부분은 무엇인가요?

신앙 전수의 골든타임은
바로 오늘

//////////////////////////

"또 너희가 요단을 건너가서 차지할 땅에
거주할 동안에 이 말씀을 알지 못하는
그들의 자녀에게 듣고
네 하나님 여호와 경외하기를
배우게 할지니라"(신 31:13).

자녀 신앙 양육의 골든타임(golden time)은 언제일까요? 많은 분들이 자녀가 성인이 되기 전까지라고 말합니다. 어느 급진적인 분은 초등학교까지라고 말하기도 합니다. 물론 자녀의 세계관이 본격적으로 형성되는 아동 후기는 신앙 형성의 매우 중요한 시기입니다. 또한 삶을 진지하게 고민하고 자아정체성과 진로를 찾아가는 청소년 시기 역시 신앙 교육에서 매우 중요한 때입니다. 하지만 골든타임을 재난, 사고나 응급 의료 등의 상황에서 "생명을 살릴 수 있는 가능성이 높은 시간"으로 이해할 때,[22] 자녀 신앙 양육의 골든타임은 바로 '오늘'입니다. 왜냐하면, 하나님이 성경을 통해 부모의 신앙 양육을 명령하시는 말씀에서 단 한 번도 자녀의 연령을 제한해서 그때까지만 실천하라고 하신 적이 없기 때문입니다.

____ 말씀에 순종하는 가정에 다음세대를 세우신다

성경 속 부모는 자녀에게 어떤 신앙 교육을 시켰을까요? 그들은 자녀가 어릴 때도, 아동기에도, 청년기에도, 심지어 자녀가 부모가 된 이후에도 신앙을 세우는 교육을 했습니다. 하나님은 말씀에 순종한 가정마다 언약하신 대로 강력한 다음세대를 세워 주셨습니다.

하나님은 이스라엘 백성이 약속의 땅인 가나안으로 입성하기 바로 전에 부모세대에게 자녀 양육에 대한 분명한 기준을 말씀하십니다.

"또 너희가 요단을 건너가서 차지할 땅에 거주할 동안에 이 말씀을 알지 못하는 그들의 자녀에게 듣고 네 하나님 여호와 경외하기를 배우게 할지니라"(신 31:13).

앞으로 이스라엘 백성은 우상이 가득한 가나안 땅에 들어가서 가나안의 문화와 삶의 방식을 매일 마주하며 살아야 했습니다. 그러나 사는 동안 그들이 변질되어 하나님의 말씀을 알지 못하는 세대가 될 때 부모가 어떻게 해야 할지를 말씀하십니다. 위의 말씀에 나오는 "거주할 동안에"는 히브리어로 '콜 하야밈 아셰르'(כל-הימים אשר)인데, '그 모든 날들 동안에'라는 의미로서, 부모세대가 자녀와 함께 가나안 땅에서 살아가는 마지막 날까지를 가리킵니다.

한마디로, 자녀세대가 세속과 그 문화 안에서 잠시 하나님 신앙을 놓아 버린 것처럼 보이는 때가 올 때에 너무 낙심하지 말라는 것입니다. 왜냐하면, 그들의 흔들림보다 그들을 붙드시는 하나님의 손이 여전히 강력하기 때문입니다. 강력하신 하나님이 부모를 통로로 사용하시겠다는 것이 하나님의 전략입니다. 우리의 시선은 무너진 자녀의 신앙이 아니라, 그 자녀를 회복시키실 하나님께 머물러야 합니다. 중요한 것은 하나님의 말씀 앞에 부모가 얼마나 응답하느냐입니다.

자녀는 흔들릴 수 있어도, 부모는 자녀를 강하게 붙드시는 하나님의 통로가 되어야 합니다. 자녀들이 세상의 문화와 세속적 가치 앞에서 혼란스러워하고 흔들릴 때, 어떻게 해야 합니까? 그들이 마음을 열 때까지 주도권을 넘기고 기다리는 것이 아니라, 믿음의 부모가 먼저 자녀에게 하나님에 대하여 강력히 증언해야 합니다.

모세가 노년기에 집중하여 혼신을 다하였던 사역은 다름 아닌 자녀세대와 조손세대에게 하나님 백성이 마땅히 가야 할 신앙의 길을 가르치는 것이었습니다. 이스라엘 백성을 인도하여 새로운 가나안 시대를 인도했던 여호수아 역시 110세에 하나님의 부르심을 받기 전까지 우선순위를 두었던 사역이 "오직 나와 내 집은 여호와를 섬기겠노라"(수 24:15)였습니다.

당시는 이스라엘 백성이 신앙을 잘 지키던 상황이 아니었습니다. 하나님의 은혜와 인도하심으로 가나안 땅 정복을 마치고 정착하게 된 상황에서 당황스럽게도 그들은 가나안 사람들의 우상 신앙에 영향을 받고 있었습니다. 바로 그때 하나님은 신앙 회복의 주도권을 신앙이 무너지고 있던 이스라엘 백성의 손에 맡기지 않고, 여전히 하나님을 향한 믿음이 굳건했던 부모세대인 여호수아의 손에 맡기셨습니다.

평생 하나님의 말씀을 이스라엘 백성에게 전하였던 사무엘도 공적 사역을 마무리할 무렵 자녀세대를 향하여 "나는 너희를 위하여

기도하기를 쉬는 죄를 여호와 앞에 결단코 범하지 아니하고 선하고 의로운 길을 너희에게 가르칠 것인즉"(삼상 12:23)이라고 외쳤습니다.

십자가의 길을 오르시던 예수님 역시 그 마지막 걸음에서 "너희 자녀를 위하여 울라"(눅 23:28)고 하셨습니다. 이 구절에 나오는 "자녀"에 해당하는 헬라어 '테크나'(τέκνα)는 어린 자녀만을 의미하지 않고 가정에 속한 모든 자녀를 포함하는 단어입니다. 이를 볼 때, 모든 부모세대가 하나님이 부르시는 마지막 날까지 감당해야 할 사명은 자녀의 연령과 상관없이 그들을 위해 기도하며, 하나님의 포기하지 않으시는 사랑과 은혜를 증언하는 것입니다.

"내 영을 모든 육체에 부어 주리니"(행 2:17)라고 선언하신 하나님을 신뢰한다면, 우리 자녀들이 다시 성령으로 회복되고 마침내 하나님의 백성으로 살아 낼 것입니다. 그러면 이것은 나의 소망을 넘어선 하나님의 작정이 됩니다. 시간을 창조하신 하나님 앞에서 결코 늦은 신앙 전수는 없습니다. 신앙 전수의 골든타임은 지나간 과거가 아니라 바로 오늘입니다.

마음에 새기는 한 문장

✹ 하나님 안에서 늦은 시간은 없기에, 신앙 전수의 골든타임은 바로 오늘입니다. 자녀가 신앙을 잠시 내려놓는 상황이 올지라도, 하나님은 여전히 신앙 전수의 책임을 부모에게 맡기셨다는 사실을 기억해야 합니다.

따라쓰기

....

....

....

✹ 오늘도 자녀에게 하나님의 영을 부어 주겠다고 약속하신 하나님을 신뢰하며, 신앙 전수의 사명을 끝까지 감당하는 부모가 되기를 소망합니다.

따라쓰기

....

....

....

믿음의 부모에게 드리는 질문

• 자녀의 신앙이 약해질 때, 나는 걱정에 머무르지 않고 하나님께 무릎 꿇고 있습니까? 자녀를 위해 믿음의 자리를 지키며, 더욱 기도하고 말씀으로 증언하고 있습니까?

부모 이전에
믿음의 부부로 살아가기

///////////////////////

"여호와 하나님이 이르시되 사람이
혼자 사는 것이 좋지 아니하니
내가 그를 위하여 돕는 배필을
지으리라 하시니라"(창 2:18).

많은 믿음의 부모가 질문합니다.

"가정에서 신앙 부모가 되기 위한 첫걸음이 있다면 무엇일까요?"

부모의 삶을 통해 자녀에게 신앙을 보이고 전한다는 것은 여러 의미가 있지만, 성경의 순서로 본다면 부모 자신이 '믿음의 부부'로 살아가는 데에서 시작합니다. 왜냐하면 성경은 '부모됨'을 이야기하기 전에 '부부됨'을 먼저 말씀하고 명령하기 때문입니다.

____ 성경적 부부됨이란?

하나님이 아담과 하와를 통해 가정을 세우실 때 가장 먼저 알려 주신 성경적 부부됨의 방식은 돕는 배필로 사는 것이었습니다.

창세기 2장 18절에서 말하는 "돕는 배필"은 두 히브리어로 이루어졌는데, 하나는 '돕는다'라는 의미의 '에제르'(עזר)이고, 다른 하나는 '마주보다'라는 의미의 '케네게드'(כנגד)입니다. '에제르'는 하나님이 인간을 도우실 때 주로 사용하는 단어인데, 신약성경에서는 성령님이 하나님의 백성을 위로하고 동행하며 도우시는 사역을 의미하는 단어로 번역합니다. 그리고 '케네게드'는 서로 마주보며 서 있는 둘 사이의 관계를 의미합니다.

다시 말하면, 하나님이 명령하신 부부의 삶이란, 하나님이 나의 남편 혹은 아내를 도우려 하실 때 하나님의 위로와 격려와 사랑이 흘러가는 통로로 쓰임받는 것입니다. 하나님이 나의 반려자를 하나님의 선하시고 완전하신 뜻을 따라 일으키려고 하실 때, 내가 바로 그 사역을 위해 부름받은 '돕는 배필'임을 기억하며, 그를 향한 하나님의 마음을 품고 하나님의 손과 발이 되어 살아가야 하는 것입니다.

사도 바울이 에베소서에서 성령충만함을 받으라고 명한 뒤에 이어서 아내와 남편의 관계에 대하여 "그리스도를 경외함으로 피차 복종하라"(엡 5:21)고 선언한 것은 성경적 돕는 배필에 대한 이해를 보다 명확하게 알려 주기 위해서입니다. 여기서 "경외"를 뜻하는 헬라어 '포보스'(φόβος)에는 '깊은 존경' '경건한 의무'라는 의미가 있습니다. 따라서 성경적인 부부 관계는 인간적인 조건에 따른 복종이나 강요된 순종이 아니라, 하나님이 부르신 돕는 배필로서 순종적이고 자발적인 복종의 부르심이라 할 수 있습니다.

____ 가정이라는 신앙 공동체를 통해 자녀는 배운다

자녀는 부모를 통하여 세상을 배웁니다. 영아기에는 부모의 무조건적인 돌봄과 사랑을 통해 세상이 살 만한 곳임을 배우고, 유아기에는 부모의 말과 표정과 행동들을 보며 세상을 배우고, 유치기에는 부모의 삶이 기준이 되어 사람과 세상에 반응하는 법을 배웁니다. 아동기에는 부모의 삶 자체가 자신이 걸어갈 삶의 지도가 되고, 청소년기

에는 부모의 말보다 삶으로 드러나는 진정성 있는 우선순위와 가치
가 자신이 평생 붙들고 살아갈 인생의 나침반이 됩니다. 그래서 성경
은 성경적 부모됨을 명령하기 전에, 성경적 부모로서 살아가는 법을
먼저 알려 주는 것입니다.

하나님은 일상의 사건들을 사용하셔서 우리의 신앙을 길러 내십
니다. 이를 강조한 기독교 교육학자 찰스 포스터(Charles Foster)는 가정
이라는 신앙 공동체 안에서 자녀가 경험하는 사건들이 매우 강력한
신앙 형성의 현장이 된다고 말합니다.[23] 가정에서 일어나는 다양한
사건들 속에서 자녀의 눈에 비친 부모의 모습이 언제나 서로를 응원
하고, 헌신하며, 사랑하고, 위로하는 모습일 때, 자녀는 '우리 집은 하
나님을 믿는 가정이어서 참 행복하다'는 경험과 함께 사람과 세상,
그리고 사건과 상황에 어떻게 응답해야 하는지를 자연스럽게 배우
게 됩니다.

심리학과 사회학과 교육학에서 널리 응용되고 있는 아브라함 매
슬로우(Abraham Maslow)의 욕구이론도 자녀 양육에 큰 지혜를 줍니다.
매슬로우에 따르면, 인간에게는 다섯 단계의 공통적인 욕구가 있습
니다. 1단계는 생리적 욕구, 2단계는 안전에 대한 욕구, 3단계는 소
속에 대한 욕구, 4단계는 자아존중의 욕구, 5단계는 자아실현의 욕
구입니다. 이러한 욕구는 하위 단계의 욕구가 충족될 때에야 비로소
다음 단계의 욕구가 동기로 작동한다고 합니다.[24]

믿음의 부모로서 자녀가 신체적 성장을 넘어 하나님의 부르심을
향해 나아가도록 도와야 합니다. 이를 위해 자녀가 가정의 울타리 안

에서 안전한 소속감과 사랑을 느끼고, 자신의 존재 자체로 존중받는 자아존중감을 누리게 해 주는 것이 중요합니다.

　욕구 이론에 따르면, 1단계에서 4단계에 해당하는 결핍욕구가 채워질 때 비로소 성장욕구에 해당하는 자아실현의 욕구가 힘있게 채워진다고 합니다. 이러한 관점에서, 믿음의 부모가 서로에게 돕는 배필로 살아갈 때 자녀들의 결핍 욕구를 채울 뿐만 아니라 성장 욕구를 강력히 북돋는 안전한 현장이 됩니다. 오늘도 믿음의 부모는 돕는 배필로 살아가기 위해 서로에게 친절히 물어봐야 합니다. "여보, 내가 무엇을 도와줄까요?" 부부가 서로에게 돕는 배필이 될 때, 부모가 자녀에게 물어보는 질문도 이렇게 바뀌게 됩니다. "오늘은 엄마 아빠가 무엇을 도와줄까?"

✳ '돕는 배필'로 살아간다는 것은 오늘도 나의 배우자를 도우시는 하나님의 손과 발이 되어 서로를 섬기며 사는 것입니다.

따라쓰기

....

....

....

✳ 부모가 성경적 돕는 배필이 되어 서로를 응원하고 헌신하며 사랑으로 섬길 때, 자녀는 가정을 통해 하나님 사랑의 실제를 보고, 그 사랑으로 사람과 세상을 대하는 법을 배웁니다.

따라쓰기

....

....

....

믿음의 부모에게 드리는 질문

• 지난 한 주간 나로 인해 배우자는 더 행복해졌나요? 내가 돕는 배필로서 배우자를 위해 할 수 있는 일은 무엇인가요?

신앙의 눈으로 자녀를 보다

part 2

부모의 줄기를 통해
말씀을 받아먹는 자녀

///////////////////////

"네 집 안방에 있는 네 아내는
결실한 포도나무 같으며
네 식탁에 둘러 앉은 자식들은
어린 감람나무 같으리로다"(시 128:3)

하나님은 성경을 통하여 자녀가 어린 감람나무 같다고 선언합니다. 감람나무는 보통 수백 년을 넘게 사는 나무이고, 예외적으로 천 년을 넘기기도 합니다. 그런데 이 감람나무를 재배할 때 어린 가지를 오래된 나무에 접붙여 키웁니다. 그렇게 하면 어린 가지가 오래된 나무의 진액을 함께 받아 해충으로부터 저항성을 키우고 건강하게 자랄 수 있습니다. 즉, 어린 감람나무는 스스로 자신의 뿌리를 땅에 박지 않고도 오래된 감람나무의 줄기를 통해 생명을 공급받으며 새로운 줄기로 자라는 것입니다. 중동 지역은 연중 6개월 이상 비가 내리지 않는 건기가 찾아옵니다. 그런데도 어린 감람나무가 생명력을 잃지 않고 늘 푸르른 잎사귀를 유지하는 이유는 뿌리가 매우 깊고 강인한 오래된 나무를 통해 땅속 깊은 곳으로부터 물과 영양분을 지속적으로 공급받기 때문입니다.

____제조가 아니라 말씀을 전달하는 부모

하나님이 어린 감람나무를 자녀에 비유하신 뜻은 무엇일까요? 자녀는 스스로 신앙을 만들어 가기 보다는, 하나님이 허락하신 가정이라는 터전 속에서 자라나는 존재입니다. 부모가 깊이 내린 믿음의 뿌리로부터 영양분을 공급받으며 그 줄기 위에서 자라게 하신다는 것입니다.

자녀가 아무리 영적으로 메마른 세상에 사는 것처럼 보일지라도, 부모가 믿음의 뿌리를 더욱 깊이 내리고 거기로부터 하나님의 말씀과 은혜를 생수와 같이 끌어올려 자녀에게 공급한다면, 하나님은 자녀를 늘 푸르고 신선한 감람나무로 자라가게 하실 것입니다. 그래서 믿음의 부모는 생수와 영양분을 제조하는 자가 아니라 자녀에게 전달하는 자가 되어야 합니다.

대부분의 식물은 90% 이상이 물로 이루어져 있기에, 식물을 기르기 위해서는 무엇보다 물을 넉넉히 주어야 합니다. 마찬가지로 믿음의 자녀들은 하나님의 말씀으로 지음 받았기에 자녀의 신앙 정원사인 믿음의 부모는 다른 무엇보다 하나님의 말씀을 합당하게 먹여 주어야 합니다. 이것이 부모의 가장 큰 책임입니다.

＿＿ 말씀 듣기를 거부하는 자녀라면?

그런데 가정에서 하나님의 말씀을 전하려 할 때 자녀가 말씀 듣기를 불편해하거나 거부하는 경우가 있습니다. 우린 여기서 궁금함이 생깁니다. 하나님의 말씀을 거부하는 내 자녀에게 지속적으로 말씀을 전하는 것이 무슨 의미가 있을지 말입니다. 사실 성경에는 이와 유사한 상황들이 적지 않게 기록되어 있습니다.

예를 들면, 에스겔 3장에서 하나님은 에스겔에게 분명히 하나님의 말씀을 이스라엘 백성에게 전하라고 거듭 말씀하시면서, 당황스럽게도 그들은 그 말씀을 듣지 않을 것이라고 하셨습니다.

"…인자야 이스라엘 족속에게 가서 내 말로 그들에게 고하라 … 그러나 이스라엘 족속은 이마가 굳고 마음이 굳어 네 말을 듣고자 아니하리니 이는 내 말을 듣고자 아니함이니라"(겔 3:4, 7).

현재에 적용하자면, 만일 우리가 아무리 자녀에게 하나님의 말씀을 먹이고 전하여도 그들이 듣지 않을 것이라는 말씀입니다. 그러면 우리는 이렇게 질문할 것입니다. 그들이 듣지 않는다면 우리의 말씀 전함과 신앙 양육은 도대체 무슨 의미가 있는 걸까요?

그런데 이 말씀에 바로 이어서 나오는 구절은 우리의 의문에 대한 하나님의 뜻이 무엇인지 분명히 보여 줍니다.

"때에 주의 영이 나를 들어 올리시는데 내가 … 들으니 찬송할지어다 여호와의 영광이 그의 처소로부터 나오는도다 하니"(겔 3:12).

우리가 하나님의 말씀대로 그들이 듣든지 듣지 않든지 전하는 순종을 하는 바로 그때, 이스라엘 백성의 반응과 상관없이 하나님의 영광이 하늘로부터 그들의 삶에 부어진다는 것입니다. 에스겔 3장 12절에 기록된 "나오는도다"에 해당하는 히브리어 '요차'(יָצָא)는 에스겔 47장에 기록된 하나님의 성전에서 나온 생수가 아라바 광야로 흘

러갔음을 묘사하는 장면에서 성전에서 물이 '스며 나왔다'고 표현한 단어와 동일합니다. 메말랐던 아라바 광야에 끊어졌던 물이 다시 공급될 때 비로소 메마른 땅이 생명 숲이 되었습니다. 이처럼, 자녀의 심령을 향한 하나님의 회복은 그들의 굳어진 마음의 변화로 회복할 수 있는 것이 아니라, 그들의 마음을 변화시키시는 하나님의 말씀이 들어갈 때 이미 시작된 것입니다.

여기서 주목할 것이 있습니다. 성전에서 스며 나오는 물이 멈추지 않고 일천 척(약 450미터)을 가더니 발목을 덮고, 일천 척을 더 가더니 무릎을 덮고, 일천 척을 더 가더니 허리를 덮고, 일천 척을 더 가더니 이제는 감히 건널지 못할 큰 강이 되었습니다.

자녀에게 하나님의 말씀을 전하는 것이 이와 같습니다. 처음에는 하나님의 말씀이 그들의 심령에 거의 들어가지 않는 것처럼 보일지라도, 믿음의 부모가 기도로 일천 척을 가고, 순종으로 일천 척을 또 가고, 믿음으로 일천 척을 또 갈 때 하나님으로부터 나온 생명의 강물은 자녀의 심령 안에 마침내 감히 건널 수 없는 큰 강물이 되어 메마른 심령을 생명의 숲과 같은 인생으로 바꾸어 주시는 줄 믿습니다.

✳ 자녀는 접붙은 어린 감람나무와 같아서 먼저 뿌리를 내린 오래된 나무로부터 신앙의 영양분을 공급받아야 건강하게 자랍니다.

따라쓰기

....

....

....

✳ 부모가 오늘도 말씀과 은혜의 뿌리를 깊이 내려 그 신선한 생수를 자녀에게 흘려보낼 때, 하나님은 그들을 늘 푸른 어린 감람나무처럼 자라가게 하십니다.

따라쓰기

....

....

....

믿음의 부모에게 드리는 질문

• 오늘 나는 자녀의 마음에 하나님의 말씀을 스며들게 하는 부모로 살아가고 있나요? 자녀에게 하나님의 생명수를 흘려보내는 한 걸음의 실천은 무엇인가요?

영, 유아, 유치기 자녀 양육하기

///////////////////////

"그는 시냇가에 심은 나무가 철을 따라
열매를 맺으며 그 잎사귀가 마르지 아니함 같으니
그가 하는 모든 일이 다 형통하리로다"(시 1:3).

성경에는 하나님이 인도하시는 복 있는 자의 삶에 대한 말씀이 여러 곳에 적혀 있습니다. 그 중 대표적인 말씀이 시편 1편 3절 말씀입니다. 하나님은 우리 자녀의 인생을 '철을 따라 열매 맺는 인생'으로 디자인하셨다고 말씀하십니다. 세상은 인생의 열매가 가을에 열린다고 말하는데, 하나님은 자녀 인생의 열매는 철을 따라 맺힌다고 말씀하십니다. 그렇다면, 철을 따라 열매를 맺는다는 말은 무슨 의미일까요?

"철을 따라"를 나타내는 단어는 70인역 원어성경에 '카이로스'(καιρῷ)로 번역되어 있습니다. '카이로스'는 인간의 물리적인 시간을 의미하는 '크로노스'(κρόνος)와는 대조적인 의미를 가진 단어로서, 하나님이 인간의 시간 안에 침투하여 들어오시어 하나님의 의지와 능력을 나타내시는 때를 말합니다.

예를 들면, 아기 모세가 하나님의 은혜로 강에서 건짐을 받은 순간이 카이로스였고, 민족의 영도자가 된 모세가 하나님의 말씀에 순종하여 이스라엘 백성을 홍해 가운데로 인도하여 바다가 갈라지던 순간이 카이로스였습니다. 소년 다윗이 엘라 골짜기에서 믿음으로 골리앗 앞에 물맷돌을 들고 선 순간이 카이로스였고, 청년 다윗이 사울의 핍박과 맹렬한 추격 속에서도 상황과 억울함에 무너지지 않고 하나님을 향한 믿음으로 시편을 써 내려갔던 순간이 카이로스였습니다. 한마디로, 자녀의 삶이 하나님 안에서 철을 따라 열매를 맺는다는 것은 자녀가 어느 연령이 되어야 신앙이 성장하는 것이 아니라, 자녀의 영아기, 유아기, 유치기, 아동기, 청소년기, 청년기 등 인생의 주기마다 하나님이 준비하고 맺으시는 신앙의 성장 여정이 있다는 뜻입니다.

____ 부모는 정비사가 아니라 정원사여야 한다

이렇듯 하나님이 자녀들을 철을 따라 열매를 맺으며 자라나도록 인도하실 때, 믿음의 부모는 자녀의 인생 옆에 붙여 주신 신앙 정원사입니다. 지혜로운 정원사는 봄, 여름, 가을, 겨울의 계절에 맞게 나무를 가꿉니다. 신앙 정원사인 우리도 자녀의 인생 주기에 따라 요청되는 지혜를 가지고 거룩한 수고를 감당해야 합니다. 아무리 능력이 좋은 정원사라도 자신이 기르는 나무의 계절을 단 하루도 당겨올 수 없습니다. 다만 그는 자기에게 맡겨진 나무가 어떤 계절을 살아가고 있는지를 분별하고 합당한 수고를 신실하게 감당합니다. 신앙의 정원사도 이와 같습니다. 부모에게 주어진 사명은 부모가 원하는 때에 자녀가 당장 열매를 맺게 만드는 것이 아니라, 부모에게 허락한 자녀의 인생 계절에 맞는 영적인 수고를 신실히 감당하는 것입니다.

이러한 관점에서 믿음의 부모는 자녀의 삶에 신앙의 정비사가 아니라 신앙 정원사가 되어야 합니다. 유능한 정비사는 기준을 정해 놓고 조금이라도 빗나가면 당장 부품을 갈아서 고칩니다. 그러나 정원사는 당장 바꿔 내는 것이 아니라 마침내 변화하도록 돕습니다. 우리에게 허락하신 자녀는 기계 부품이 아니라 하나님의 형상을 따라 창조된 인격체이기에 우리는 정비사가 아닌 정원사로 부름 받았음을 기억해야 합니다. 그러면 어떻게 해야 자녀들의 삶에 정비사가 아니라 정원사로 돕는 부모가 될 수 있을까요?

＿＿ 영아기, 신앙의 토양을 일구는 시기

자녀가 태어나서 18개월까지 영아기의 시기에 부모는 우선 자녀의 안전한 보호자와 신뢰 공급자가 되어 주어야 합니다. 이 시기에 자녀가 마음에 맺어야 할 중요한 신앙의 열매는 '신뢰'입니다. 신뢰는 부모가 자녀에게 일관된 돌봄과 무조건적 사랑, 긍정적인 신앙의 언어와 안전한 양육 환경 안에서 자라나게 됩니다.[25] 자신이 전적으로 의존하는 엄마 아빠와 안전한 가정 안에서 정기적으로 드리는 가정예배는 영아기 자녀의 마음에 영적인 리듬과 신뢰를 공급하는 매우 핵심적인 신앙 사건이 됩니다. 아기는 자고, 깨고, 먹고, 놀고, 다시 자는 것이 일상입니다. 이러한 삶의 자리마다 하나님의 말씀으로 놀고, 찬양으로 깨어나며, 기도로 잠드는 리듬, 즉 하나님의 자리를 계속 마련해 주는 것은 매우 강력한 가정예배가 됩니다. 이 과정을 통해 아이의 마음과 몸에는 '이 가정 안에서 살면 나는 안전하다'는 확신이 매일같이 경험으로 새겨집니다.

비록 아기는 아직 기도와 찬양과 말씀을 머리로는 이해하지 못해도, 엄마 아빠와의 관계 안에서 부모의 신앙 고백이 아기의 마음 안에 차곡차곡 담깁니다. 가정예배를 비롯하여 일상 속에서 자녀가 부모를 통해 반복적으로 듣는 하나님, 예수님, 은혜, 감사, 찬양 등과 같은 단어들은 아기의 심령에 의미 있는 언어로 자리잡습니다. 이것은 인생의 두 번째 계절인 유아기 때부터 본격적으로 성장할 인지와 정서, 사회성, 신앙에 큰 영향을 미치는 영적인 자산이 됩니다. 좋은 나무가 자라기 위해서는 그 땅이 옥토가 되어야 하듯, 이 시기 자녀의 마음은 말씀으로 일구어집니다.

_____ 유아기, 모방을 통하여 자라가는 시기

유아기는 18개월에서 36개월에 해당하는 시기로서, 자녀 인생의 두 번째 인생 계절이 됩니다. 아기는 유아기가 되면서 본격적으로 세상을 자율성과 호기심을 갖고 마음껏 탐구하게 되고, 즐거운 '모방'을 통해 세상과 하나님을 매우 적극적으로 알아가고 성장합니다.[26] 유아기 자녀는 인지적으로 설명을 이해하기 어려운 계절을 살아가기에, 행동을 감정적으로 교정하려고 하면 학습을 경험하기보다 수치심을 느낄 가능성이 커집니다.

그러면 어떻게 해야 유아기 아이의 신앙이 바르게 성장할 수 있을까요? 유아기 아이는 설명하고 지적하면 이해하고 학습하기를 어려워하지만, 배워야 할 행동과 태도를 보여 주면 놀랍게도 그것을 모방하며 자신의 삶과 인격에 담아내는 특징을 갖습니다. 유아기 자녀에게 부모는 세상에서 가장 효과적이고 모범이 되는 모방의 대상입니다. 이 시기에 가정예배를 드릴 때 부모는 좋은 예배자의 모델이 되어 주어야 합니다. 그래서 유아기 자녀와 가정예배를 드릴 때, 아이의 기도 자세를 지적하고 훈육하기보다는 가장 좋은 기도의 모델을 직접 보여 주는 것이 매우 중요합니다.

＿＿유치기, 훈육을 통하여 성장하는 시기

자녀는 만 3세를 지나면서 또 다른 계절인 유치기의 삶을 살아가게 됩니다. 아이가 유치기에 들어서면 아이는 인지적 전조작기에서 조작기로 넘어옵니다. 즉, 이제는 무언가를 인지적으로 설명하면 알아듣고 스스로 행동을 교정하는 시기입니다.

또한 이 시기의 자녀는 주도권이라는 삶의 경향성을 가지고 가정이나 교회에서 자신이 주도하여 무언가를 하는 것을 즐거워하기에, 옳지 않은 행동들도 선을 넘어서 해보려는 모습들을 자주 보입니다.[27] 이 시기에 믿음의 부모는 모방이 아닌 훈육을 통하여 자녀가 바르게 성장하도록 도와줄 수 있습니다. 여기서 성경적인 훈육이란, 자녀에게 옳고 그름을 확인해 주고, 옳은 것을 택할 기회를 주며, 옳은 것을 행할 때 응원해 주는 것입니다. 이 성경적 훈육은 가정예배든 일상의 교육이든 매우 효과적이고 지혜로운 양육의 길입니다.

자녀가 말씀이나 기도나 찬양 시간에 집중하지 못하고 다른 행동을 할 때, 자녀를 지적하여 행동을 교정하는 것이 아니라, 옳고 그름의 기준을 다시금 알려주고 스스로 옳은 행동을 선택하여 실천하도록 격려하고 칭찬하는 것이 성경적 훈육입니다.

발달심리, 아동발달, 뇌과학 등의 연구에 따르면, 이 시기에는 자녀가 평생 가지고 살아가게 될 성품의 많은 요소가 형성되고 결정됩니다.[28] 바로 이 시기의 아이들은 부모의 성경적 훈육을 통해 찬양하는 아이, 기도하는 아이, 말씀 읽는 아이, 순종하는 아이로 자기를 이해하게 됩니다. 이러한 경험은 아이의 심령에 영적인 자존감을 세우고, 성경적 성품이 인격 깊은 곳에 채워지게 도와줍니다.

✴ 믿음의 부모는 자녀의 인생에 신앙 정비사가 아니라 신앙 정원사입니다. 지혜로운 정원사는 내가 원하는 계절을 당겨오는 게 아니라 내게 주신 계절에 맞는 수고를 분별하고 감당합니다.

따라쓰기

....

....

....

✴ 신앙 정원사인 부모의 역할은 자녀를 당장 변하게 하는 게 아니라 마침내 변하도록 돕는 데 있습니다.

따라쓰기

....

....

....

- 영아기 자녀의 삶 안에 말씀과 찬양과 기도의 영적 리듬을 넣어 주어, 부모와 하나님을 신뢰하는 자녀로 성장시키기를 결단하십니까?

- 유아기 자녀가 배워야 할 행동과 태도를 부모의 훈육이 아니라 모델링을 통해 보여 줌으로써, 자녀와 함께 매일 말씀 읽고 기도하는 부모가 되기로 결단하십니까?

- 유치기 자녀에게 감정적 훈육이 아니라 성경적 훈육을 함으로써 자녀에게 분명한 기준과 기회를 제공하고, 성령의 열매가 매일 맺히도록 돕는 부모가 되기를 결단하십니까?

믿음의 부모는
자녀의 신앙 정원사입니다.
지혜로운 정원사가
계절에 맞게 나무를 가꾸듯이
신앙 정원사인 우리도
자녀의 인생 주기에 따라
요청되는 지혜를 가지고
거룩한 수고를 감당해야 합니다.

아동, 청소년기 자녀 양육하기

"내가 기도하노라 너희 사랑을
지식과 모든 총명으로
점점 더 풍성하게 하사"(빌 1:9).

신앙 정원사인 부모는 자녀의 계절에 어떠한 수고를 감당해야 하는지에 대한 지식과 분별이 필요합니다. 사도 바울도 빌립보서 1장 9절 말씀을 통하여 사랑 위에 지식과 총명을 더해야 한다고 말합니다. 여기서 사용하는 "사랑"의 원어는 하나님의 완전한 사랑을 의미하는 '아가페'(ἀγάπη)입니다. 우리는 여기서 궁금함이 생깁니다. 하나님의 완전한 사랑이면 부족함이 없는데, 왜 그 사랑 위에 지식과 총명을 더해야 한다고 할까요?

____자녀 인생 계절에 맞추라

이는 부모 안에 있는 사랑이 부족해서가 아니라 그 사랑을 받고 자라나야 할 자녀들이 완전한 사랑을 바르게 이해하고 응답하도록 도와주어야 하기 때문입니다. 여기서 "지식"이라는 헬라어 '에피그노시스'(ἐπίγνωσις)는 대상을 향한 단순한 정보가 아니라 종합적이고 온전한 지식을 의미하며, 총명을 뜻하는 헬라어 '아이스데시스'(αἴσθησις)는 지적인 기준이 아니라 주어진 상황에 대한 바른 판단과 통찰력을 의미하는 실천적 분별입니다.

이는 믿음의 부모가 하나님의 완전한 사랑으로 자녀를 기르되, 자

녀의 성장에 따른 합당한 지식과 지혜를 갖추고, 여러 상황에 맞게
현명하게 판단하고 행동하는 능력이 필요하다고 이해할 수 있습니
다. 한마디로, 신앙 정원사인 부모에게는 자녀의 인생 계절에 따른
영적, 지적, 실천적 역량이 요청됩니다. 자녀가 어릴 때 주었던 동일
한 사랑과 열심으로 양육해도, 자녀가 십대가 되면 그 사랑을 부담으
로, 심지어 간섭으로 여기기도 합니다. 이는 부모의 사랑이 변한 것
이 아니라, 그 사랑을 받는 자녀의 인생 계절이 바뀌었기 때문입니
다. 이런 때에 부모에게 요구되는 것은 자녀가 지나고 있는 인생의
계절을 분별하여, 그 시절에 필요한 언어와 행동으로 합당한 열매를
맺도록 돕는 지혜입니다. 이것이 이른바 '부모력'인데, 부모가 자녀
와 긍정적인 관계를 맺고 온전한 양육을 실천하는 데 요구되는 역량
과 자질의 핵심입니다.

_____ 학령기 초기, 기억하며 성장하는 시기

초등학교 1학년에서 3학년에 해당하는 학령기 초기의 인생 계절
을 살아가는 자녀의 발달과정은 이렇습니다. 자녀는 유치기부터 발
달하기 시작한 단기기억, 작업기억, 장기기억과 더불어 집중력과 자
기조절 능력, 종합적 사고력이 성장하는 전두엽이 본격적으로 발달
합니다.[29] 또한 이 시기는 직관적 사고를 통하여 진리를 받아들이고
이야기를 통해 세상을 흥미롭게 배워 가며 성취감과 근면성을 삶의
습관에 채워 넣는 학습적 특징을 보입니다.[30] 그래서 학령기 초기의

　　　　　　　　　　　　　　성경을 심는 부모 코칭 30일

자녀를 둔 부모님은 아이와 친밀한 관계를 맺어 가며, 아이들의 마음에 평생 남을 의미 있는 성경 메가 스토리(성경의 핵심 이야기)를 매일 들려주는 것이 좋습니다. 이는 너무나 중요한 신앙 성장의 기둥이 됩니다. 이를 고려할 때, 매일 혹은 정기적으로 부모와 함께 드리는 가정예배는 매우 중요한 신앙 형성과 성장의 자리가 됩니다. 또한 아이들이 한 번 들으면 답할 수 있는 질문과 감당할 만한 분량의 읽기 과제, 혹은 묵상노트를 매일 혹은 매주 단위로 제시하는 것은 효과적인 신앙교육의 현장이 됩니다. 아이들은 그 과정에서 성취감을 느끼고, 성경 이야기를 꾸준히 읽어 갈 힘과 동기를 얻게 됩니다. 이러한 노력을 격려하는 적절한 보상도 효과적인 신앙교육의 한 방법이 될 수 있습니다.

_____ 학령기 후기, 질문하며 선택하는 시기

자녀가 초등학교 4학년에 들어서면서 소위 십대의 계절을 맞이합니다. 이 시기에 자녀들은 학령기 후기의 계절을 살아가는데, 진리를 포함하여 세상과 부모님을 해석하고 소통하는 방식이 이전의 직관적 사고에서 논리적, 추상적 사고로 옮겨집니다.[31] 한마디로, 이제는 부모가 말하기 때문에 그 말을 진리로 받아들이는 것이 아니라, 부모의 말이 이해될 때 진리로 받아들이는 계절에 들어선 것입니다.

예를 들면, 초등학교 3학년 때만 해도 물을 떠오라고 하면 "네" 했던 딸이, 이제는 "왜요?"라고 묻습니다. 직관적 사고가 주된 인식론이었던 학령기 전기에는 물 떠오라는 엄마 말에 순종하던 딸이었지만, 이제는 텔레비전을 보는 아빠나 게임하는 오빠가 보이는 상황에서 자신에게만 물을 떠오라고 하는 엄마의 말이 논리적으로 불편해지는 것입니다. 학교에서 진화론을 배운 자녀가 집으로 돌아와서 "엄마, 창조론은 신화야?"라고 묻는 것은 자녀의 믿음이 없어져서라기보다는, 믿음을 잘 지키고 싶어서 엄마에게 도와달라는 의미일 가능성이 훨씬 높습니다.

그러면 이러한 논리적 사고로 하나님과 성경에 대하여 질문하는 자녀들에게 어떻게 바른 신앙교육을 할 수 있을까요? 이 시기부터 믿음의 부모가 자녀에게 기독교 세계관을 더욱 적극적으로, 그러나 친절하고 안전한 방식으로 알려 주는 것이 중요합니다. 이 시기의 자녀들은 세상을 과학적 세계관으로 이해하는 경향이 강해서, 과학으로 설명되면 진리로 받아들이고, 그렇지 않으면 진리가 아니라고 여기기 쉽습니다. 마치 1미터 자로 수심 10미터의 한강을 잴 수 없는 것은 한강이 없어서가 아니라 한강이 자보다 깊기 때문인 것처럼, 과학의 논리와 경험으로 하나님의 기적과 역사를 설명할 수 없는 것은 하나님이 계시지 않아서가 아니라 과학보다 하나님이 더 크신 분이기 때문이라고 말해 주어야 합니다.

기독교 세계관 교육의 효과적인 방법은 부모가 경험한 하나님을 지속적으로 고백하는 것입니다. 부모의 삶에 역사하셨던 놀라운 하나님에 대한 신앙고백들, 가슴 뛰는 간증 사건들, 세계 교회사와 한국교회사 가운데 나타난 보석처럼 빛나는 신앙의 체험들을 일상에

                                                      성경을 심는 부모 코칭 30일

서, 가정예배에서, 절기 때마다 지속적으로 나누는 것입니다. 바로 이 신앙의 증언과 고백들을 자녀가 들을 때 그 이야기들을 나의 이야기, 우리 가정의 이야기, 생생하게 살아 있는 진리의 이야기로 수용하게 됩니다.

___청소년기, 자아 정체성을 찾아가는 시기

자녀가 중·고등학교에 들어서면, 모든 청소년은 자신이 누구인지, 세상과 자신이 어떤 관계에 있는지에 관심을 두며 자아 정체성을 찾아가게 됩니다.[32] 이전까지는 세상이 궁금하던 자녀들이 청소년이 되면서 현재의 자신과 미래의 자신을 궁금해하기 시작합니다. 그래서 중학생이 되면 여학생은 물론이고 남학생들도 거울을 자주 보고, 자신을 궁금해합니다. 사실 청소년기는 자신이 기대해 왔던 모습과 지금의 자기 모습 사이의 거리가 가장 크게 느껴지는 시기입니다. 기대했던 외모와 현재의 모습, 부모와의 관계에 대한 기대와 지금의 관계, 기대했던 성적과 현실의 성적 사이의 간극이 한꺼번에 드러나는 때가 바로 이 시기입니다.

더 나아가 시대 문화는 이 시기 자녀들에게 성적, 스펙, 외모, 집안배경으로 인생의 가치를 재단하는 메시지를 쉼없이 들려줍니다. 그래서 이 시기 자녀들은 자신의 삶이 타인에게 재단되기를 거부하며, 때로는 좌절과 분노, 급격한 감정 변화와 돌발행동 등의 모습을 보입니다. 이러한 자녀들의 외침과 행동을 한 문장으로 정리하면 이렇습니다.

"엄마, 나 좀 도와주세요."

자녀들은 세상이 말하는 그 정도보다 더 잘 살고 싶기에 부모에게 외치는 것입니다. 그런데 아직 인격과 성품이 성장하는 중이기에 자신의 생각을 정돈하여 진심을 정확히 말하기보다 갑작스런 분노나 좌절과 같은 이중 메시지로 표현하는 경우가 많습니다.

이 시기의 신앙 정원사인 부모는 자녀의 이중 메시지를 정확히 해석하여 하나님의 사랑과 격려를 전해 주어야 합니다. 우리가 해외 선교를 나가면 서툴고 불편하더라도 현지 언어를 배우고 사용하려고 노력합니다. 그것이 현지인에 대한 존중이라고 생각합니다. 마찬가지로 우리는 청소년이라는 새로운 나라에서 살아가는 자녀의 언어를 배우고 그들의 언어로 소통해야 합니다. 그럴 때 비로소 복음의 능력과 사랑을 전할 수 있습니다.

자녀가 힘든 상황일수록 신앙 정원사인 부모는 자신의 언어를 내려놓고 자녀의 언어를 배우고 사용해야 합니다. 이 시기 자녀는 "나도 정말 잘하고 싶어요"라는 말을 "나 이거 안 할 거야"로 표현하기도 합니다. 이때 정말 중요한 것은 자녀의 반응이 아니라 부모의 반응입니다. 부모가 자녀의 이중 메시지를 정확히 해석할 때, 그들의 말이나 행동을 지적하지 않고 이렇게 말할 수 있게 됩니다.

"엄마(아빠)가 어떻게 도와줄까?"

도와달라고 외치는 자녀를 하나님은 어떤 마음으로 보고 계실지를 묵상하고 지혜를 구할 때, 부모의 입에서 나오는 말과 표정은 부

   성경을 심는 부모 코칭 30일

모의 말과 얼굴이 아니라 하나님의 음성과 얼굴이 될 수 있습니다.

청소년이라는 계절을 살아가는 자녀들에게는 자신의 말을 들어줄 어른과 신뢰하고 따라갈 만한 공동체가 절실히 필요합니다. 자녀들은 매일을 경쟁과 비교라는 생존 전쟁 속에서 살아갑니다. 그런 자녀들에게 가정예배는 그 시간과 자리만으로도 자신의 존재 자체가 존귀하다고 격려 받는 공간입니다. 가정예배는 자신의 삶이 응원받고, 자기 이야기가 존중받으며, 하나님 안에서 다시 시작할 수 있다는 소망을 건네받는 자리로서, 마음에 참된 안정과 회복을 가져다줍니다.

이러한 여정을 통해 믿음의 부모는 또 한 번 신앙의 성장을 경험하게 됩니다. 이것이 믿음의 부모에게 허락되는 숨겨진 크신 은혜입니다. 이 시기의 자녀를 양육하며 마주한 실존적인 한계만큼 부모는 더욱 겸손함으로 무릎을 꿇게 되며, 더욱 간절함으로 기도하게 됩니다. 청소년기의 자녀를 양육하며 부모는 나의 자녀가 마주한 위기나 질문에 후회하지 않을 답을 줄 능력이 자신에게는 없다는 사실을 인정하게 됩니다. 그때 비로소 진정한 자녀 양육의 진리를 깨닫게 됩니다. 이러한 깨달음을 경험한 믿음의 부모들이 공통으로 하는 고백입니다.

"믿음의 부모는 자녀의 위기나 질문 앞에 문제를 해결해 주는 '해결사'가 아니라, 정답이신 예수께로 인도하는 '안내자'입니다."

마음에 새기는 한 문장 🖉

✽ 신앙 정원사는 양육할 때 사랑 위에 지식과 총명을 더해야 합니다. 하나님의 완전한 사랑으로 자녀를 기르되, 자녀의 성장에 따른 합당한 지식과 지혜를 갖추어야 합니다.

따라쓰기

....

....

....

✽ 신앙 정원사 부모는 자녀의 위기 앞에 '해결사'가 아니라, 진정한 해결사이신 예수께로 인도하는 '안내자'입니다.

따라쓰기

....

....

....

- 장기 기억과 직관적 사고를 통해 진리를 받아들이는 학령기 전기의 자녀와 좋은 관계를 유지하며, 성경 이야기를 지속적으로 들려주는 부모가 되려면 어떻게 해야 할까요?

- 논리적 사고와 질문을 통해 진리를 받아들이는 학령기 후기의 자녀에게 기독교 세계관을 전하며, 놀라운 간증과 신앙고백으로 신앙을 전수하는 부모가 되려면 어떻게 해야 할까요?

- 청소년기 자녀의 이중 메시지를 바르게 해석하며, 하나님의 견고한 붙드심과 언약을 친절히 전해 주는 수고를 통해, 하나님 자녀로의 자존감과 회심을 도와주는 부모가 되려면 어떻게 해야 할까요?

하나님이 없다고 하는
자녀 앞에서

/////////////////////////

"내가 너를 모태에 짓기 전에 너를 알았고
네가 배에서 나오기 전에 너를 성별하였고
너를 여러 나라의 선지자로 세웠노라"(렘 1:5).

나에게는 이제 갓 돌을 지난 조카 로건이가 있습니다. 수 개월 전 가족 여행 중 3일을 함께 지내면서, 나는 로건이를 품에 안아 주기도 하고, 까꿍놀이도 하며 행복한 시간을 보냈습니다. 만일 내가 오늘 저녁에 로건이네 가서 "로건아, 이모부 왔네" 하면 아기는 어떻게 반응할까요? 낯선 얼굴이 보이니 큰 소리로 울 겁니다. 아마도 로건이는 나와 함께 보낸 3일의 시간을 기억 못할 것입니다. 로건이가 나를 기억 못한다고 해서 우리가 함께 보낸 시간과 추억이 의미 없는 걸까요? 내가 로건이를 만난 사실이 없던 일이 되는 걸까요? 결코 그렇지 않습니다. 한 살 조카가 나를 기억하지 못한다고 해도 우리가 즐거운 시간을 보냈다는 사실은 조금도 달라지지 않습니다.

____ 하나님이 어디 있느냐고 묻는 딸 앞에

내 기억 속에 남아 있는 가장 어린 시절의 기억은 유치원 정도입니다. 유치원 이전의 부모님에 대한 기억이 나지 않지만, 그렇다고 해서 그 전에 부모님을 만난 적이 없다고 할 수 없습니다. 내 기억에는 없는 유아기 시절에 부모님과 가장 많은 시간을 보냈을 것입니다.

우리 자녀가 하나님을 만나는 사건도 이와 같습니다. 우리 자녀는 하나님을 아직 만난 적이 없다고 말할지라도, 하나님이 자녀를 만난 사건은 그의 기억으로 결정될 수 없고 그를 향하신 하나님의 말씀으로 확인되어야 합니다.

선지자 예레미야는 하나님이 자신을 모태에 짓기 전부터 아셨다고 증언하며, 아기가 엄마의 뱃속에서 나오기도 전에 그의 인생을 성별하셨다고 말합니다(렘 1:5). 자신의 기억으로는 성인이 된 이후에야 다메섹 도상에서 예수님을 처음 만났던 사도 바울 역시 갈라디아서를 통해 "내 어머니의 태로부터 나를 택정하시고 그의 은혜로 나를 부르신 이가"(갈 1:15)라고 고백합니다. 아기 모세가 나일강에 떠내려갈 때 하나님의 손은 갈대상자 안의 모세를 힘있게 붙들고 계셨고, 아이 사무엘이 성소에서 누워 있을 때 하나님은 그의 이름을 친히 불러주셨습니다. 목동 다윗이 양을 지킬 때 하나님의 크신 손은 소년 다윗을 사자와 곰의 발톱에서 건져 내셨습니다.

하나님은 말씀의 언약대로 우리가 태어나기 전부터 평생의 모든 걸음과 사건마다 찾아와 만나 주고 인도하셨습니다. 그 역사는 우리의 인식 안에 결코 가둘 수 없습니다. 자녀를 양육하며 우리는 가끔 예상치 못한 자녀들의 말에 당황할 때가 있습니다. 어려서부터 교회를 잘 다니던 자녀가 어느 날 갑자기 하나님이 어디 있느냐고 증명해 보라고 따지며 교회를 더 이상 나가지 않겠다고 말하기도 합니다. 이러한 일은 우리 가정에도 일어났습니다.

당시 초등학교 6학년이던 딸이 저녁 가정예배를 마치고 안방으로 들어가려는 나에게 이렇게 말했습니다.

"아빠, 이번 주일에 교회에 안 갈래요. 하나님 없잖아요."

태어나서 한 번도 교회를 빠진 적이 없는 딸이 갑자기 하나님이 없으니 교회를 안 가겠다고 선포한 것입니다. 나는 너무나 당황스러워서 일단 내일 이야기하자고 말하고 안방으로 들어왔습니다. 자녀의 폭탄 같은 말에 내가 할 수 있는 것은 기도밖에 없었습니다.

"하나님, 어떻게 해요? 도와주세요."

밤새 이 기도만 하다가 졸다가를 반복하다가 새벽에 잠이 깼습니다. 밤새 했던 기도가 다시 입에서 나오는데, 기도할 때는 아무런 답이 없으시던 하나님이 마음에 이러한 음성을 들려주셨습니다.

"형섭아, 너의 딸 해인이는 괜찮다. 해인이가 아무리 흔들려도 내가 붙들고 있으니 괜찮아."

상황은 조금도 바뀐 것이 없는데, 이 음성을 듣자마자 마음에 알 수 없는 평안함이 가득 찼습니다. 그 순간 딸이 두 살쯤 되었을 때 미국에서 경험한 한 사건이 기억났습니다.

_____ 너는 흔들려도 하나님은 강하게 붙들고 계셔

당시 나는 미국에서 박사과정 최종논문을 학교에 제출하고 모처럼 여유가 생겨서 함께 유학하던 목사님 집에서 식사하며 교제의 시간을 보냈습니다. 당시 두 살이 안 되었던 해인이를 아기 바구니에 넣고 가서 그 집 복도 끝에 있는 안쪽 방에서 일찍 재웠습니다. 초대하신 목사님과 거실에서 심야가 다 되도록 즐거운 이야기를 나누고 있었는데, 어디서 타는 냄새가 나더니 점점 그 냄새가 심해졌습니다. 그 냄새는 바로 제 딸이 있는 복도 끝방에서 났습니다. 가장 먼저 목사님이 뛰어가 방문을 열었는데 이미 방은 유독가스로 가득 차 있었습니다. 아기를 푹 재우려고 스탠드 등을 면 옷으로 덮었는데, 이것이 백열등에 큰 열을 내게 하여 등을 둘러싼 플라스틱 갓이 늘러붙어 녹고 있었습니다. 이내 백열등은 터졌지만 열은 계속 났고, 녹은 플라스틱에서 나오는 유독가스가 서너 시간째 아래로 내려가서 결국 방이 연기로 가득 찼던 상황입니다.

저와 아내는 바닥을 더듬으며 아기를 찾아 나왔습니다. 처음에는 아기가 미동도 하지 않았습니다. 다행히 아기가 숨 쉬는 것을 확인하였고, 바로 버지니아 리치몬드시에서 가장 큰 세인트 메리 병원 응급실로 달려갔습니다. 아기를 의사들에게 인계하고 한참을 기다린 후에 담당의사와 만났습니다. 그는 이렇게 말했습니다.

"기적입니다! 아기의 뇌에 유독가스가 조금도 들어가지 않았습니다."

'하나님이 살려 주셨구나' 하는 마음에 나와 아내는 바로 해인이를 안고 병원 주차장으로 나왔습니다. 그런데 바로 그때부터 아내가 오열을 하며 몸을 가누지 못할 정도로 울기 시작했습니다. 알고 보니, 하나님이 아내에게 한 가지 이미지를 보여 주신 것입니다. 왼쪽에는 그날 저녁 식사하고 차를 마시며 밝은 얼굴로 이야기 나누던 부모의 모습을 보여 주셨고, 오른쪽에는 바로 그 시간에 유독가스가 가득한 방에서 예수님이 해인이를 품에 안고 1초도 쉬지 않고 코에 생기를 불어넣는 장면이었습니다.

'너의 딸 해인이는 괜찮아'라는 음성을 듣자마자 하나님은 바로 이 사건을 기억나게 하셨습니다. 그래서 나는 그날 저녁에 온가족이 모인 자리에서 당시 화재 장면을 찍었던 사진을 모두 인쇄하여 테이블에 올려놓고 딸에게 이 이야기를 들려주었습니다. 이야기를 들으며 해인이는 한 가지 말만 반복했습니다.

"아빠, 정말이야? 정말이야?"

그리고 이야기를 마칠 때는 엉엉 울면서 내게 말했습니다.

"아빠, 나 어떡해? 하나님은 나를 그렇게 살려 주셨는데, 나는 하나님 없다고 무시하고 안 믿겠다고 했잖아. 나 어떡해?"

나는 우는 딸에게 다가가서 두 손으로 꼭 안아 주며 그 새벽에 하나님이 내게 해주신 말씀을 그대로 전했습니다.

"해인아, 괜찮아. 너는 흔들려도 하나님은 너를 더 강하게 붙들고 계셔. 우리는 하루에도 몇 번씩 하나님을 의심하고 포기해도, 하나님은 한 번도 너를 포기한 적이 없으셔. 그러니까 괜찮아."

자기는 하나님을 만난 적도, 본 적도 없고, 안 믿어지니 교회를 나가지 않겠다고 말했던 딸은 바로 그날 밤에 다시 하나님을 만났습니다. 안 보이던 하나님이 눈에 보여서 믿기 시작한 것이 아니라, 하나님이 함께하셨음을 믿는 부모의 증언을 통해 자녀가 하나님을 인정하게 되었습니다.

이러한 관점에서 우리는 다시금 고백하게 됩니다. 자녀의 끝장이 우리 자녀를 향하신 하나님의 사랑과 능력을 조금도 변개할 수 없습니다. 왜냐하면, 자녀를 향하신 하나님의 만남과 붙드심은 우리의 인식으로 결정되지 않고, 하나님의 언약과 능력으로 결정되기 때문입니다.

✸ 하나님은 우리 자녀가 태어나기 전부터 그를 아셨고, 만드셨고, 인도해 오셨습니다. 자녀가 기억하든 못하든 하나님이 자녀의 삶을 여기까지 인도해 오신 것은 변하지 않는 사실입니다.

따라쓰기

....

....

....

✸ 우리와 자녀의 끝장이 우리를 향하신 하나님의 완전한 사랑을 조금도 변개할 수 없습니다. 어떠한 상황에서도 우리의 흔들림보다 하나님의 붙드심이 더욱 큽니다.

따라쓰기

....

....

....

믿음의 부모에게 드리는 질문

• 오늘도 완전하신 하나님의 손 안에서 나의 자녀가 자라고 있음을 온전히 신뢰하고 있나요?

내 자녀인가,
하나님의 자녀인가?

/////////////////////

"보라 자식들은 여호와의 기업이요
태의 열매는 그의 상급이로다"(시 127:3).

성경은 우리의 자녀가 "여호와의 기업"이라고 선언합니다. 고대 이스라엘 사회에서 소유를 의미하는 단어는 두 가지였으며, 이 두 단어는 의미에 따라서 구별되었습니다. 하나는 일반 재산을 의미하는 '첼렉크'(חלק)로서, 돈을 주고 사고 팔 수 있는 소유를 뜻하고, 또 다른 하나는 하나님의 재산을 의미하는 '나할라'(נחלה)로서, 일반 재산과 달리 돈으로 거래할 수 없는 소유를 뜻합니다. 그런데 "자식들은 여호와의 기업"(시 127:3)이라고 했을 때의 "기업"은 일반 재산을 의미하는 '첼렉크'가 아니라 하나님의 소유를 의미하는 '나할라'입니다.

하나님이 믿음의 가정에 허락하신 자녀는 어떠한 상황에서도 세상에 함부로 소유권을 내어 줄 수 없는 거래 불가의 존재입니다. 믿음의 가정에 허락하신 자녀는 어떠한 상황에서도 세상이 소유하거나 거래할 수 없는 하나님의 소유로 삼으셨다는 언약입니다. 하나님이 자녀를 부모에게 맡기실 때, 결코 세상에 속할 수 없고, 세상의 돈으로 넘길 수 없는 오직 하나님의 소유된 존재로 만드셨다는 의미입니다. 적지 않은 믿음의 부모들이 혹시나 자녀가 세상에 넘어가지 않을까 걱정하고 있지만, 하나님이 주시는 이 언약은 우리에게 매우 큰 안정감을 줍니다.

그렇다면, 부모의 어떠한 수고도 없이 자녀의 신앙과 삶이 세상에 넘어가지 않고 오직 하나님의 소유로 견고히 보호받고 살아갈 수 있을까요? 결코 그렇지 않습니다. 성경은 '자녀가 여호와의 기업'이라고 하면서 바로 다음에 "태의 열매는 그의 상급이로다"라고 기록합니다.

자녀의 삶을 통해서 나타나는 풍성한 열매는 그냥 주어지는 것이 아닙니다. 자녀는 부모의 상급입니다. 여기서 "상급"의 히브리어 '사카르'(שָׂכָר)는 '일이나 수고의 대가'를 의미합니다. 한마디로, 자녀의 삶에 풍성한 열매가 나타나려면 자녀가 하나님의 소유임을 깨닫고 부모가 그에 합당한 수고와 노동을 감당할 때 임하는 결과라는 것입니다. 믿음의 가정에서 자라나는 자녀는 세상이 함부로 가져갈 수 없는 하나님 소유이지만, 동시에 그러한 자녀를 길러 내기 위해서는 부모가 감당해야 하는 애씀과 헌신이 있다는 말입니다.

이러한 의미에서 모든 믿음의 부모는 하나님 나라를 세우는 영적 건축가입니다. 하나님이 없는 것처럼 보이는 시대 안에서도, 세상이 결코 빼앗아 갈 수 없는 하나님 나라 벤처 기업가들을 길러 내고, 영적인 기업을 세워 가는 하나님 나라 건축가입니다. 약 440여 년 전 프랑스 개신교인들인 위그노(Huguenot)의 부모세대들이 바로 하나님 백성의 정체성을 가지고 믿음으로 사명의 길을 걸었습니다. 당시 루이 14세가 위그노들에게 신앙의 자유를 허락했던 낭트칙령을 폐지

하면서, 개신교인들은 그 뒤로 102년간 광야교회 시대라고 불리는 순교를 당하거나 강제노동을 해야만 했습니다.[33] 개신교인들은 자녀를 학교에 보내지도 못했습니다. 그런 상황에서도 당시 위그노 부모들은 집에서 자녀에게 글을 가르치고, 가정예배를 통하여 말씀을 묵상하게 하고, 하나님과 세상, 인간과 사회에 대하여 가르쳤습니다.[34] 왜냐하면 그들의 자녀는 여호와의 기업이라는 믿음이 있었고, 부모는 하나님의 자녀를 길러 내는 수고를 마땅히 감당해야 한다는 사명이 있었기 때문입니다.

＿＿세상보다 큰 여호와의 기업을 기르는 일

당시 기독교인에 대한 핍박은 점점 심해져서 위그노들은 가톨릭으로 개종하지 않으면 순교해야 하는 상황이었습니다. 많은 믿음의 부모들은 순교로 저항하거나, 타국으로 망명하여 신앙을 지켜 나갔습니다.[35] 1680년에서 1700년 사이에 약 20만 명이 신앙을 지키기 위해 망명하였는데, 이들 중에 지식과 기술과 문화적인 면에서 탁월한 역량을 갖춘 지식인들과 기술자들이 많았습니다.[36] 하나님은 신앙 위에 실력을 갖추어 망명하였던 위그노들을 통해 유럽과 세계의 역사를 바꾸셨습니다. 독일로 망명한 4만여 명의 위그노는 베를린을 중심으로 제조업과 기계산업을 일으켜서 독일 부흥에 큰 영향을 미쳤으며, 네덜란드로 망명한 5만여 명의 위그노는 해양산업에 큰 기여를 하였고, 영국으로 망명한 4만여 명의 위그노가 전해 준 프랑스의 발전된 섬유, 방직, 제지 등의 기술은 영국 산업혁명의 기초가 되었습니다.[37] 스위스로 망명한 위그노들은 정밀 시계산업과 금융업을 일으켰고, 미국으로 망명한 위그노들은 엔지니어 기술과 예술을 전하였으며, 일곱 명의 미국 대통령이 위그노 후손에서 나왔습니다.[38]

역사학자인 파트릭 카바넬(Patrick Cabanel) 교수는 이렇게 말합니다. 위그노들이 100년이 넘는 박해의 시간에 신앙을 지켜 낸 근거는 가정예배를 드리며 성경을 읽고 시편 송을 부르며 순교자들에 대한 책을 읽었기 때문이었다고 말입니다.[39] 매일 아침과 저녁에 드렸던 가정예배를 통해 믿음의 부모는 자기 자녀가 여호와의 기업임을 더욱 분명히 가슴에 새겼습니다. 그들은 하나님의 기업을 자기 생각이나 상황에 따라 운영하지 않고 오직 하나님의 말씀과 언약에 근거하여 세워 갔습니다. 그럴 때 그 자녀들은 가장 어두운 시대에 가장 밝은 영광의 찬송의 인생이 되었던 것입니다.

자녀가 하나님의 자녀임을 인정하였던 아브라함의 손에서 이삭이라는 여호와의 기업이 자라났고, 요게벳의 손에서 모세라는 여호와의 기업이 자라났고, 한나의 손에서 사무엘이라는 여호와의 기업이 자라났습니다. 이렇듯 오늘도 하나님은 우리의 가정 안에서 세상을 하나님 나라로 세워 가는 여호와의 기업을 길러 내고 계십니다.

마음에 새기는 한 문장

✷ 자녀는 여호와의 기업(나할라)입니다. 자녀의 삶은 어떠한 상황에서도 세상이 빼앗아 갈 수 없는 하나님 소유입니다.

따라쓰기

✷ 자녀가 여호와의 기업임을 기억하며 길러 낼 때, 부모는 위대한 하나님 나라의 기업을 세워 가는 거룩한 경영에 동참하고 있는 것입니다.

따라쓰기

믿음의 부모에게 드리는 질문

- 나는 자녀를 세상의 성공을 위한 존재가 아니라, 여호와의 기업으로 믿고 대하고 있나요? 자녀를 통하여 어떤 하나님 나라의 변화를 기대하고 있나요?

교회에 가기 싫다는 말의
또 다른 의미는?

//////////////////////////

"철이 철을 날카롭게 하는 것같이
사람이 그의 친구의 얼굴을
빛나게 하느니라"(잠 27:17).

가정 안에서 믿음의 부모 책임과 역할에 대한 연구를 평생 해온 카라 파월(Kara Powell) 교수는 최근 풀러신학교 산하 청소년사역연구소(Fuller Youth Institute)를 통해 '5대 1양육'(5:1 ratio) 원리를 발표했습니다.[40] 이는 파월 교수가 150개 교회, 500명의 청소년과 청년들, 50개의 기독 가정을 대상으로 7년 넘게 설문과 추적조사를 통해서 발견한 임상 결과를 근거로 한 것입니다.

지금까지 많은 교회에서 다음세대를 양육하는 주된 방식은 양육자 1명이 학생 5명을 양육하는 1:5 패러다임이었는데, 이제는 양육자 5명이 학생 1명을 교육하는 5:1 패러다임으로 교육이 전환되어야 함을 강조한 것입니다. 같은 교회학교에서 동일한 청소년기와 청년기를 보낸 이들의 7년 뒤를 추적해 보니, 이들의 신앙 수준이 너무나 다양하다는 임상연구 결과가 나왔습니다. 그 이유를 연구하였는데, 가장 우선하는 변수는 다름 아닌 '가정과 영적 부모'라고 결론 내리게 되었습니다.

신앙의 가정이 든든히 서 있고, 삶의 위기마다 부모가 일관된 신앙의 모범을 보일 때, 다음 세대는 아무리 세속적인 시대 속에서도 흔들리지 않습니다. 한 명의 다음세대 주변에 하나님의 변치 않는 사랑과 진리를 계속 전해 줄 영적인 양육자 다섯 명이 있을 때, 다음세대는 세상에 쉽게 끌려가지 않고 오히려 세상을 이끌어 갈 용장으로 성장한다는 것입니다. 그래서 5:1 원리를 외치게 되었습니다. 오늘날 한국교회로 볼 때 양육자 다섯 명에는 교회 안의 담임목회자, 교구목회자, 교육교역자, 교회학교 교사, 신앙의 부모, 신앙의 친구들 등이 될 수 있습니다.

____교회 출석 여부의 큰 변수는 친구다

다음세대의 신앙 형성에 가장 큰 영향력을 미치는 사람은 부모님이지만, 동시에 우리가 주목할 만한 것은 다음세대가 교회학교에 흥미를 가지고 계속 활동하는 데에는 믿음의 친구가 또 다른 결정적 변수가 되고 있습니다. 《한국교회 진단리포트》에 따르면, 교회의 청소년부 아이들에게 '교회에 오면서 기대하는 것'이 무엇인지 질문하였더니, '친구 및 선후배와의 만남'(29.7%)을 1위로 응답하였습니다.[41]

동일한 아이들에게 예배 후 소그룹 모임에 참여하는 이유에 대해 질문했는데, '좋은 친구가 있어서'가 1위였습니다. 이렇듯 아이들에게는 교회에서 만나는 믿음의 친구가 중요합니다. 친구는 신앙생활을 자기 삶의 의미 있는 현장으로 받아들이고 참여하는 데 결정적인 요소가 됩니다. 물론 자녀는 여전히 신앙의 가장 큰 변수는 부모라고 말하지만, 동시에 이번 주에 교회를 갈지 안 갈지를 결정하는 변수는

   성경을 심는 부모 코칭 30일

친구입니다.

이러한 관점에서 보면, 자녀가 교회 가기 싫다고 하거나, 수련회에 가기 싫다고 할 때는 '엄마, 나 교회에 친한 친구가 없어요' '아빠, 이번 수련회에 같이 갈 친구가 없어요'라는 말일 가능성이 높습니다. 그렇다면, 부모인 우리가 자녀에게 '교회에는 무조건 가야지'라고 말하기 이전에, '어떻게 하면 우리 자녀가 교회에서 좋은 믿음의 친구를 사귀게 도울 수 있을까'로 질문을 바꿀 수 있습니다. 이렇게 생각해 보면, 사실 믿음의 부모의 추억에는 늘 함께 웃고, 놀고, 행복한 신앙의 추억을 만들어 갔던 교회 친구들이 있었을 것입니다.

성경 역시 믿음의 용장들의 신앙 여정에 좋은 친구가 얼마나 중요한 역할을 하였는지 반복적으로 알려 주고 있습니다.

"철이 철을 날카롭게 하는 것같이 사람이 그의 친구의 얼굴을 빛나게 하느니라"(잠 27:17).

"한 사람이면 패하겠거니와 두 사람이면 맞설 수 있나니 세 겹줄은 쉽게 끊어지지 아니하느니라"(전 4:12).

십대의 다윗에게는 고난의 때에 함께 기도하며 응원하였던 친구 요나단이 있었고, 다니엘에게는 위기의 순간마다 함께 기도했던 사드락과 메삭과 아벳느고가 있었으며, 갈렙에게는 함께 믿음을 지켜 갔던 여호수아가 있었습니다. 예수님을 만남으로 중풍병이 나았던 친구에게는 지붕을 뚫어서라도 그를 예수님에게 인도하였던 친구들이 있었고, 바울에게는 세상이 뭐라고 하여도 자신을 믿어 주고 믿음의 길을 열어 준 바나바를 비롯하여 복음을 함께 전하였던 에바브로디도, 브리스길라, 아굴라, 아리스다고가 있었습니다.

이러한 관점에서 우리는 다음과 같은 질문을 마주하게 됩니다. "우리 자녀에게는 믿음의 친구가 몇 명이나 있나요?" "믿음의 친구들의 이름을 몇 명이나 알고 있나요?" "내 자녀의 믿음의 친구들을 위해 정기적으로 기도하고 있나요?"

오랫동안 청소년 현장 사역자이자 기독교 교육학자로 섬겨 왔던 챕 클락(Chap Clark) 교수는 오늘날 십대들이 신앙을 갖고 성장하는 걸음에는 기독교 교리만이 아니라 그들을 그리스도의 환대와 사랑으로 맞이해 주고 교제하는 친절한 친구 공동체가 있었다고 했습니다. 공동체를 제공하는 것이 성장의 핵심이라고 강조합니다.[42] 십대에게 친구가 갖는 행동이나 가치관은 매우 강력한 사회적 표준이 되며, 그들이 보여 주는 정서적 응원과 삶의 스타일은 자아 정체성 형성에 큰 영향을 줍니다.

예를 들면, 여름 수련회나 단기 선교, 교회학교 부서 찬양팀, 신앙 동아리 등은 자녀가 교회 안에서 믿음의 친구를 사귈 수 있는 자연스럽고도 효과적인 계기가 될 수 있습니다. 만일 교회에서 계절별로 '봄 글램핑 신앙캠프' '여름 스포츠 신앙캠프' '가을 낙엽 문학캠프' '겨울 난로 기도캠프' 등과 같이 여러 주제를 가지고 열 명 미만의 스몰 캠프를 제공한다면, 우리 자녀들은 소수의 친구들과 함께 자신의 생각과 고민과 비전을 나누는 신앙 추억을 쌓을 수 있습니다. 그렇기에 믿음의 부모는 자녀에게 어떤 믿음의 친구가 있는지를 주목하고, 교회 친구를 사귈 수 있도록 권면하고 안내해야 합니다.

✴ 부모는 여전히 다음세대의 신앙에 가장 큰 영향을 끼치지만, 자녀들이 교회를 갈지 안 갈지를 결정하는 핵심 변수에는 친구가 있습니다.

따라쓰기

....

....

....

✴ 자녀가 교회에서 믿음의 친구를 만나도록 돕는 것은 부모의 최우선 과제입니다.

따라쓰기

....

....

....

믿음의 부모에게 드리는 질문

• 나는 내 자녀의 믿음의 친구를 몇 명이나 알고 있습니까? 그 친구들을 위해 구체적으로 기도하고 있나요?

한 명의 다음세대 주변에
하나님의 변치 않는
사랑과 진리를 계속 전해 줄
영적인 양육자 다섯 명이 있을 때,
다음세대는 세상에 쉽게
끌려가지 않고
오히려 세상을 이끌어 갈
용장으로 성장합니다.

사춘기 자녀와
싸우지 않고 대화하기

"온순한 혀는 곧 생명 나무이지만
패역한 혀는 마음을 상하게 하느니라"(잠 15:4).

부모와 자녀간의 대화를 연구하는 학자들은 가정 안에서의 대화를 합창에 비유하곤 합니다. 합창은 모두가 같은 음을 부르지 않습니다. 서로 다른 음을 맡아 화음을 이루며 아름답고 풍성한 소리를 만들어 내는 다성부 음악입니다. 그러기에 합창단원들에게는 각자의 악보를 정확히 따라 부르는 일도 중요하지만, 그보다 더 놓치지 말아야 할 것은 곡 전체를 이끌고 있는 지휘자의 손끝입니다.

하나님을 대화의 지휘자로 삼아라

믿음의 가정에서 나누는 대화가 이와 같습니다. 가족은 각자 최선의 노력으로 하루를 살아 내고 대화하지만, 늘 같은 생각과 같은 음을 내기는 어렵습니다. 왜냐하면 오늘도 각자 살아 낸 세상이 다르고, 해석하고 이해한 하루가 다르기 때문입니다. 그러기에 믿음의 가정이 서로 다른 음으로도 아름다운 화음을 이루고 평강과 행복의 합창을 만들어 내려면, 무엇보다 하나님이 우리 대화의 지휘자가 되어 주심을 인정하고 주목해야 합니다.

가정에서 나누는 대화의 지휘자가 누구냐에 따라서 얼마나 다른 결과가 나오는지를 잠언만 살펴보아도 알 수 있습니다.

"노하기를 더디 하는 자는 크게 명철하여도 마음이 조급한 자는 어리석음을 나타내느니라"(잠 14:29)

"사연을 듣기 전에 대답하는 자는 미련하여 욕을 당하느니라"(잠 18:13)

"유순한 대답은 분노를 쉬게 하여도 과격한 말은 노를 격동하느니라"(잠 15:1)

"온순한 혀는 곧 생명나무이지만 패역한 혀는 마음을 상하게 하느니라"(잠 15:4).

행함이 없는 믿음은 죽은 믿음임을 강조하였던 야고보는 말의 중요성을 큰 배의 방향을 결정짓는 키에 비유하여 설명합니다.

"배를 보라 그렇게 크고 광풍에 밀려가는 것들을 지극히 작은 키로써 사공의 뜻대로 운행하나니 이와 같이 혀도 작은 지체로되 큰 것을 자랑하도다"(약 3:4-5).

큰 배가 바다를 가르며 전진할지, 아니면 좌초할지를 결정하는 것이 배 아래에 달린 작은 키이듯이, 하나님이 우리에게 주신 혀가 우리의 가정과 관계를 세우기도 하고 무너뜨리기도 합니다.

그렇다면 하나님이 부모와 자녀 간의 대화를 지휘하시도록 하기 위해서 부모인 우리는 자녀와 어떻게 대화해야 할까요? 부모는 자녀와의 대화가 이기기 위해 싸우는 자리가 아니라, 도와주고 세워 주기 위한 자리임을 잊지 말아야 합니다. 왜냐하면 오늘도 하나님이 부모를 통해 주의 자녀를 도와주고 싶어하기 때문입니다.

성경적 대화를 나타내는 "온순한 혀" "노하기를 더디 하는 자" "유순한 대답" 등과 같은 단어의 원래 뜻에는 '치유하는 말' '도와주는 말'이라는 의미가 공통으로 발견됩니다. 한마디로 부모가 자녀를 돕는 말을 할 때, 그 말은 하나님이 대화의 지휘자가 되어 주시는 통로가 됩니다. 사실 모든 부모가 자녀를 돕기 위해 대화하지만, 자녀의 귀에는 돕는 말이 아니라 평가하는 말이나 낙심하게 하는 말로 들리기도 합니다.

_____ 이중 메시지에서 진심 메시지로

부모의 말이 자녀에게 상처가 되지 않기 위해서는 부모가 무의식적으로 사용하는 '이중 메시지'를 '진심 메시지'로 바꾸어야 합니다. 이중 메시지란 내가 전하고자 하는 말을 진심이 아닌 다른 단어나 문장으로 바꾸어 대화함으로써 의미가 왜곡되는 것을 말합니다.

예를 들면, 주일 아침에 자녀가 침대에서 일어날 시간이 다 되었는데 여전히 자고 있다면, 부모는 자녀를 몇 번 채근하다가 나중에는 이렇게 말합니다.

"너 오늘 교회 늦어도 난 모른다. 먼저 간다."

이러한 말을 하는 부모의 진심은 '네가 제시간에 일어나서 오늘 예배를 늦지 않고 잘 드렸으면 좋겠어'였지만, 정작 입에서 나온 말은 '네가 오늘 교회에 늦어도 난 모른다'입니다. 만일 자녀가 중학교에 올라가서 첫 기말고사를 나름 열심히 준비했는데, 성적이 나오는 날에 매우 어두운 얼굴로 집에 들어와서 "나 학원 안 갈 거야. 오늘 학원 가라고 하지 마"라고 말한다면 우리는 어떻게 응답할까요? 혹시 자녀의 방에 따라 들어가서 이렇게 말하지는 않나요?

"너 성적 망했지? 시험기간에도 만날 핸드폰만 볼 때부터 알아봤어. 네가 그렇지 뭐. 학원 안 간다고? 나도 학원비 아까워."

사실 부모의 진심은 이랬을 것입니다.

'열심히 준비했는데 성적이 안 나와서 많이 속상하겠네. 엄마아빠도 이렇게 속상한데 너는 얼마나 속상하겠어. 지난 한 달간 열심히 공부한 성실함으로 한 달만 더 공부해 보자. 분명히 하나님이 좋은 성적을 맺게 해 주실 거야. 조금만 더 힘내서 공부하면 어떨까?'

그런데 현장에서 자녀와 나누는 대화에서는 진심은 전달되지 않고 이중 메시지만 전해진 것입니다. 하나님이 부모를 통해서 전하시고자 하는 위로와 격려와 돕는 말은 전달되지 않고, 그 반대의 메시지만 전달된 것입니다.

바로 이때 다시금 우리의 언어를 돌아보고 정정해야 합니다. 말하는 자는 진심만을 전하고, 듣는 이는 말하는 자의 의도를 파악해야 합니다. 자녀는 지금 성장 중이기에 아직 진심을 제대로 전달하지 못할 수 있습니다. 그러나 부모는 이중 메시지로 말하는 자녀의 의도를 파악해서 들어야 합니다.

'학원 안 가겠다'는 자녀의 말은 '많이 속상하다'는 뜻이고, '더 잘하고 싶다'는 의도임을 읽어 낼 수 있는 부모의 지혜가 필요합니다. 특히 십대가 되면 자녀는 급격한 호르몬 변화와 편도체의 예민함으로 이전보다 훨씬 높은 불안도와 감정 기복을 경험합니다. 그러기에 자신의 삶에서 가장 큰 안정의 기반이 되는 부모의 말 한마디에 어느 때보다 크게 흔들리기도 하고, 반대로 견고한 걸음을 걷기도 합니다. 이 시기에 부모가 이중 메시지가 아니라 기도할 때마다 주시는 하나님의 진심을 그대로 전하는 대화를 할 때, 자녀는 부모의 진심어린 모습을 통해 대화하는 법을 배워 갑니다. 자녀는 언젠가 삶에 위기가 찾아올 때 가장 먼저 달려올 수 있는, 가장 안전한 충전의 자리를 바로 부모의 자리로 기억하게 될 것입니다.

마음에 새기는 한 문장

✷ 자녀는 싸워서 이겨야 하는 존재가 아니라 도와서 세워 주어야 할 존재입니다.

따라쓰기

....

....

....

✷ 행복한 대화를 하고 제대로 소통하기 위해서 말하는 이는 '진심'만을 전하고, 듣는 이는 '의도를 파악'하여 들어야 합니다.

따라쓰기

....

....

....

믿음의 부모에게 드리는 질문

- 자녀와 대화할 때 나는 진심을 전하고 의도를 파악하는 부모인가요? 내가 잘하는 것과 보완할 것은 무엇이며, 오늘부터 실천할 수 있는 것은 무엇인가요?

부모는 자녀와의 대화가
이기기 위해 싸우는 자리가 아니라,
도와주고 세워 주기 위한 자리임을
잊지 말아야 합니다.

학교에서도
신앙인으로 사는 자녀

//////////////////////

"너희는 세상의 빛이라 산 위에 있는 동네가
숨겨지지 못할 것이요 사람이 등불을 켜서
말 아래에 두지 아니하고 등경 위에 두나니
이러므로 집 안 모든 사람에게 비치느니라"(마 5:14-15).

자녀들이 가장 시간을 많이 보내는 곳은 학교입니다. 믿음의 부모는 자녀가 학교에서도 그리스도인의 향기를 내고 있는지 궁금해합니다. 나는 여름과 겨울이면 종종 청소년 집회에서 말씀을 전합니다. 그때마다 청소년들에게 이렇게 묻습니다.

"학교에서 식사할 때 기도하고 밥 먹는 친구는 손들어 볼까요?"

방학에 며칠 시간을 내어서 말씀 캠프에 참여하는 청소년들이라면 나름 신앙에 열정이 있는 아이들입니다. 그런데도 손을 드는 청소년은 보통 열 명에 한두 명 정도입니다.

___ 세속 도성에서 사는 아이들

아이들은 주일에 교회에서 예배를 드리며 하나님의 자녀로 살지만, 월요일부터 토요일까지 학교에서는 기독교인임을 드러내지 않고 삽니다. 교회 출석 중고생 500명을 대상으로 실시한 "크리스천 중고생 신앙의식 조사"에 따르면, '학교에서 자신이 기독교인임을 밝히는지'에 대한 질문에 그렇다고 응답한 청소년은 절반이 채 되지 않았습니다.[43] 심지어 응답자의 17%는 기독교인이라는 이유로 친구들로부터 비난이나 놀림을 받은 적이 있다고 응답하였습니다.[44] 한마디로, 요즈음 다음세대들은 친구들 앞에서 기독교인의 정체성을 드러내고 살아가기가 결코 쉽지 않습니다.

지금 우리 아이들은 마치 성 어거스틴이 《하나님의 도성》(*The City of God*)을 통해 소개하였던 '하나님의 도성'과 '세속 도성' 사이를 살아가는 것처럼 보입니다.[45] 하나님의 도성은 말 그대로 하나님을 사랑하는 자들이 속하여 사는 세상이며, 세속 도성은 세속의 가치를 따르며 자신만을 사랑하는 자들이 사는 세상입니다. 주일에 우리 자녀들은 교회에서 말씀 듣고 찬양하며 은혜롭게 지내지만, 월요일부터는 학교와 학원으로 바쁘고, SNS와 유튜브를 통해 경쟁과 비교, 더 심해지는 이기심과 폭력의 문화, 그리고 물질주의와 음란 문화가 범람하는 세상을 살아갑니다.

____세상 속 자녀를 어떻게 도울 수 있을까?

그렇다면 기독 부모는 이러한 현실에서 매일을 살아가는 자녀들이 학교에서도 기독교인으로의 정체성을 가지고 살아가도록 어떻게 도울 수 있을까요? 먼저, 학교를 가기 위해 현관문을 나서는 자녀에게 부모는 오늘도 하나님의 자녀로서 살아가라고 상기시키며 축복 기도를 해줄 수 있습니다. 우리 집 현관문에는 손글씨로 쓴 "여호와께서 너의 출입을 지금부터 영원까지 지키시리로다"(시 121:8)라는 성경구절이 걸려 있습니다. 자녀가 학교에 갈 때마다 이 말씀을 읽어주고 응원합니다.

또한, 부모는 자녀가 학교 안에서도 하나님의 자녀임을 스스로 기억할 수 있는 거룩한 습관을 갖도록 권면하고 지도할 수 있습니다. 우리 가정에서는 아이가 초등학교에 입학할 때부터 매일 아침마다 이렇게 가르쳤습니다.

"해건아, 오늘도 학교에 들어가서 너의 자리에 앉자마자 기도하는 거야. 믿지건 기도!"

믿지건 기도란 우리 가족이 만든 기도문의 줄임말로 "하나님, 오늘도 제가 믿음과 지혜와 건강의 어린이가 되게 해 주세요"라는 의미를 가진 기도입니다. 이 기도를 하고 학교에서 하루를 시작하는 자녀의 마음에는 어느새 하나님의 자녀라는 거룩한 정체성이 새겨집니다. 이 기도는 자녀가 성장하면서 학교만이 아니라, 학원, 교회, 수련회 등으로 넓혀졌습니다. '믿지건'은 새로운 곳에서도 자신이 하나님의 자녀임을 잊지 않게 해주는 매우 효과적인 습관이 되었습니다.

예수님은 산상수훈 말씀을 통해 우리에게 세상의 빛이 되어 보라고 명령하지 않으셨습니다. 우리는 이미 세상의 빛이라고 선언하셨습니다(마 5:14-15). 자녀라는 신분은 어떤 자격을 갖추어 얻어내는 성취가 아니라 태어남과 동시에 주어지는 당연한 권리인 것처럼, 어둔 세상 속에서도 하나님의 자녀로 살아가는 가장 분명하고도 확실한 길은 빛 되신 하나님의 자녀라는 자신의 신분을 기억하는 데 있습니다. 부모는 자녀가 학교에서도 하나님의 자녀라는 신분을 잊지 않고 살도록 권면하고 도와주어야 합니다. 이것이 신앙의 부모가 할 수 있는 매우 실제적인 실천 방안입니다.

또한 부모는 자녀가 학교에서 홀로 신앙 생활을 하지 않고, 믿음의 친구들과 함께하도록 도와줄 수 있습니다. 성경은 믿음의 다음세대가 세속화된 세상에서 믿음을 지킬 수 있도록, 믿음의 친구들과 함께 기도하라고 권면합니다. 바벨론의 세상 한가운데서 다니엘이 위기를 만날 때마다 믿음의 친구들과 함께 기도했던 일이나, 다윗이 믿음의 친구 요나단과 함께 신앙의 다짐과 결단을 나누었던 것처럼, 우리 자녀에게도 믿음의 친구들이 곁에 있는지를 살펴야 합니다. 그들과 함께 기도하거나 신앙의 대화를 나누도록 격려하는 일은 자녀가 학교에서도 그리스도인으로 살아가도록 돕는 매우 효과적인 방법입니다.

최근 중고등학교에서 기독 청소년들이 자발적으로 모여서 기도모임을 갖는 일이 일어나고 있습니다. 대표적으로 학교기도불씨운동이 있습니다. 전국 500개 이상의 학교에서 학생들이 점심시간이나 수업 이후에 모여서 함께 기도하고 말씀을 나눔으로써 학교가 곧 예배의 현장임을 고백하고 있습니다.[46] 이러한 자리에서 우리 자녀들은 아직 예수님을 알지 못하는 친구들을 초청해서 함께 찬양을 듣고, 말씀을 나누고, 서로를 위한 기도모임을 갖는데, 그렇게 모이는 숫자와 규모가 점점 늘어나고 있다는 귀한 소식이 계속 들리고 있습니다.

믿음의 부모는 우리 자녀의 학교가 믿음의 현장으로 든든히 세워져 가도록, 교회와 연계하여 학교별 혹은 학년별 부모 기도회를 정기적으로 가질 수 있습니다. 또한 가정과 교회가 힘을 모아 주중에도 아이들이 기독 청소년으로 살아가도록 지원하고 응원하는 '나는 학교에서도 기독교인입니다'와 같은 여러 캠페인을 펼칠 수도 있습니다. 더 나아가 교회학교 아이들 수만큼 부모나 조부모세대의 후원을 받아 다음세대 아이 한 명당 성인 회중 한 명이 일대일로 짝을 이루어 시험기간 응원편지, 부활절 축하 편지, 수련회 전 격려 모임, 성탄절 카드 등과 같은 실제적이고 지속적인 지원과 응원을 할 수도 있습니다.

교회와 가정이 한 팀이 되어 걸어가는 이러한 여정을 통해 우리 자녀들은 교회에서만이 아니라 학교에서도 기독교인으로 격려 받으며 힘있게 자라게 될 것입니다.

마음에 새기는 한 문장 ✏️

✱ 부모는 자녀가 학교에서도 기독교인이라는 정체성을 가지고 살아갈 수 있
도록 지속적인 격려와 실제적인 도움을 줄 수 있습니다.

따라쓰기

....

....

....

✱ 부모는 등교 전에 짧은 기도와 축복의 말로 자녀가 하루를 시작하게 도울
수 있고, 학교에서도 믿음의 친구들과 함께 신앙을 나누고 믿음의 습관을
실천하도록 격려할 수 있습니다.

따라쓰기

....

....

....

믿음의 부모에게 드리는 질문

• 자녀가 학교에서도 하나님의 자녀로 살도록 도와주고 있나요? 오늘부터
실천할 한 가지는 무엇인가요?

어둔 세상 속에서도
하나님의 자녀로 살아가는
가장 분명하고도 확실한 길은
빛 되신 하나님의 자녀라는
자신의 신분을
기억하는 데 있습니다.

'담이 없는' 인생이 아닌
'담을 넘는' 자녀

/////////////////////

"요셉은 무성한 가지 곧 샘 곁의 무성한 가지라
그 가지가 담을 넘었도다"(창 49:22).

____ 담을 넘는 가지 같은 인생이란?

최근 주목받는 도자기 예술 기법 중 하나는 킨츠키(Kintsugi)입니다. 이는 깨지거나 금이 간 도자기나 그릇의 이음새를 금이나 은과 같은 것으로 채움으로써, 조금도 흠이 없는 그릇에서는 볼 수 없는 불완전함 속의 아름다움을 나타내는 방법입니다.[47] 저는 킨츠키의 예술작품을 보면서 하나님이 우리 자녀들을 빚어 가시는 방법 중 하나라는 생각을 하게 되었습니다. 하나님이 자녀에게 바라시는 것은 완벽한 성장이나 흠 없는 삶이 아닙니다. 오히려 하나님은 우리의 넘어지고 깨진 발자국을 완전하신 손길로 붙드셔서, 실패의 자국이 아닌 은혜의 자국으로 빚어 가십니다.

신앙 교육의 관건은 '어떻게 하면 자녀가 고난 없는 삶을 살게 도울 것인가'가 아니라 '자녀가 겪는 고난이 하나님의 더 크신 은혜를 경험하는 성장의 길로 나아가게 어떻게 도울 것인가'가 되어야 합니다. 고난이 없으면 편안한 일상을 살겠지만, 고난을 이기면 일상보다 크신 하나님을 경험하고 동행하게 되기 때문입니다.

하나님은 야곱을 통하여 요셉의 인생을 축복하실 때, '담이 없는' 인생이 아니라 '담을 넘는 가지와 같은 인생'이 될 것이라고 선언하셨습니다. 우리는 이 축복기도를 하는 야곱이 요셉의 인생을 어떻게 기억하고 있는지 압니다. 성경은 아버지 야곱이 아들 요셉에게 채색옷을 입혀 줄 만큼 사랑으로 키웠다고 기록합니다. 야곱은 요셉만큼은 고난을 겪지 않고, 자신이 물려줄 수 있는 좋은 것을 받아 누리며 승승장구하는 인생을 살기를 누구보다 바랐을 것입니다. 그런데 하나님이 계획하고 인도하신 요셉의 인생은 그렇지 않았습니다. 그가 채색옷만 입고 자라는 것이 아니라 때로는 억울한 고난과 누명의 옷도 입게 하셨습니다. 그런데 놀라운 것은, 바로 아버지 야곱의 계획과는 다르게 요셉의 채색옷이 벗겨지고 노예로 살던 시기를 성경은 이렇게 기록합니다.

"여호와께서 요셉과 함께 하시므로 그가 형통한 자가 되어 그의 주인 애굽 사람의 집에 있으니"(창 39:2).

요셉이 억울한 누명을 쓰고 감옥에 있을 때도 이렇게 증언합니다.

"…이는 여호와께서 요셉과 함께 하심이라 여호와께서 그를 범사에 형통하게 하셨더라"(창 39:23).

한마디로, 하나님은 의도적으로 요셉을 고난의 담이 없는 인생에서 하나님으로 인하여 그 담을 뛰어넘는 인생으로 이끄셨습니다. 바로 이때 성경은 요셉이 하나님 보시기에 진정 형통한 인생으로 빚어

　　　　　　　　　　　　　성경을 심는 부모 코칭 30일

졌다고 선언합니다. 우리 자녀에게도 동일합니다. 하나님의 동행하심이 삶의 유일한 소망이자 능력임을 경험한 자녀에게 고난은 결코 끝이 보이지 않는 '어두운 동굴'이 아닙니다. 오히려 그 어둠을 뚫고 빛으로 나아가는 '성숙의 터널'이 되는 것입니다.

____ 예수님만이 자녀 인생의 진정한 자존감이 되신다

최근 '회복탄력성'(resilience)이라는 단어가 많이 회자되고 있습니다. 회복탄력성이란 고난을 겪을 때 이를 극복하고 다시 일어서는 힘을 말합니다. 요즘처럼 미래를 예측하기가 쉽지 않고, 고난과 위기가 시간과 대상을 가리지 않고 다가오는 현대 사회에서는 고난을 피하기보다 도리어 고난을 성장과 지혜의 디딤돌로 삼아 다시 일어나야 합니다.

실제로 어떤 사람은 고난을 마주하면 넘어져 일어나지 못하는 반면, 어떤 사람은 고난의 크기만큼 다시 일어나 이전보다 더욱 성숙하고 지혜로운 삶을 살아가고 있습니다. 고난 앞에 선 우리의 삶을 전혀 다른 결과로 인도하는 회복탄력성, 그 놀라운 삶의 태도와 방식은 과연 어디서 시작하는 것일까요?

이를 연구하는 사회, 인문, 뇌과학 분야의 학자들은 공통적으로 회복탄력성이 높은 사람이 높은 자존감을 갖고 있다고 말합니다.[48] 자존감(Self-esteem)이란 자기 자신이 사랑받을 만한 가치가 있고 의미 있는 성과를 이루어 낼 만한 사람이라고 믿는 마음입니다. 이 자존감

이 높은 사람들에게는 어떤 상황에도 자신을 변함없이 응원해 주고 같은 편이 되어 주는 유의미한 사람들이 있습니다.[49] 자존감이 높은 사람들은 신뢰와 지지를 보내는 사람들로 인하여 어떤 고난과 넘어짐 앞에서도 널브러져 있지 않고, 다시 일어설 수 있는 길을 찾습니다.

오늘도 이 세상은 우리 자녀들에게 성적과 재력이 곧 자존감의 근거이자 안전망이라고 가르칩니다. 그래서 자신을 아끼고 사랑한다면, 더 높은 지위와 더 많은 소유를 거머쥐는 데에 삶의 모든 에너지를 쏟으라고 부추깁니다. 그래야 안전한 인생이 보장되기 때문이라고 설득하고 때로는 위협합니다. 하지만 우리는 분명히 알고 있습니다. 아무리 많은 돈과 성적과 스펙도 우리 자녀들의 삶을 결코 안전하게 지켜줄 수 없기에 그것이 자존감의 근거가 될 수 없습니다.

이 자존감의 딜레마 앞에 성경은 우리에게 분명히 외칩니다. 우리가 아직 죄인 되었을 때에도 우리를 죽기까지 사랑하신 예수님만이 우리 자녀의 진정한 자존감이 되십니다. 우리가 죄의 한복판에 있는 동안에도 자신의 생명을 내어놓아 사랑할 정도로 우리가 가치 있음을 이천년 전 십자가에서 세상을 향하여 증명하신 예수님의 사랑만이 우리 자녀의 변치 않는 자존감이 됩니다.

높은 자존감에서 높은 회복탄력성이 나오는 것이 이 시대의 상식이라면, 우리 자녀들이 높은 회복탄력성을 갖는 인생으로 살기 위해서는 가장 먼저 믿음의 부모가 자녀에게 "오늘도 우리의 진정한 자존감은 예수님이 되셔야 한다"고 외쳐야 합니다. 예수님의 십자가가 자녀의 심장에 선명히 세워져 있는 한, 자녀들의 삶에 다가오는 고난의 담은 결코 없어져야 할 대상이 아니라, 뛰어넘어야 할 성장의 디딤돌이 될 것입니다. 바로 이 양육과 선언 위에서 자녀들은 세상을 진정으로 승리하며 살아가는 법을 배워 가게 됩니다.

예수님을 자존감의 근거로 삼는 인생은 세상과 경쟁해서 이기는 만큼 안전한 노동 인생이 아니라, 하나님이 지혜와 능력을 공급하시기에 안전할 수 있음을 배워 가게 될 것입니다. 때로는 자녀가 세상 앞에 잠시 무너지고 넘어진 것처럼 보이는 상황이 올 수도 있으나, 바로 그때야말로 자녀에게 인생을 진정으로 회복시키시는 예수님의 사랑과 동행을 전하고 응원하는 부모가 되어야 합니다.

마음에 새기는 한 문장 🖉

✶ 믿음의 자녀는 '고난과 담이 없는' 인생이 아니라 '고난과 담을 뛰어넘는' 인
생을 살아가야 합니다.

따라쓰기

....

....

....

✶ 자녀 인생의 진정한 자존감은 성적과 돈이 아니라 오직 예수님이십니다.
예수님 안에서는 어떤 '높은 담'도 도리어 뛰어넘을 수 있게 인도하는 '디딤
돌'이 됩니다.

따라쓰기

....

....

....

믿음의 부모에게 드리는 질문

• 나는 자녀를 고난 없는 삶으로 키우려는 부모인가요, 고난을 이기는 회복
탄력성을 세우는 부모인가요?

    성경을 심는 부모 코칭 30일

우리가 아직
죄인 되었을 때에
우리를 죽기까지
사랑하신 예수님만이
우리 자녀의
진정한 자존감이 되십니다.

가정예배를 심는 가정은
길을 잃지 않는다

part 3

가정예배는 선택이 아니라 순종이다

////////////////////////

"그가 처음으로 제단을 쌓은 곳이라 그가 거기서
여호와의 이름을 불렀더라 아브람의 일행 롯도
양과 소와 장막이 있으므로"(창 13:4-5).

많은 부모가 가정예배의 중요성과 필요성은 알지만, 그것이 선택사항이 아니라 순종의 영역이라는 사실은 모르고 있습니다. 최근 한국교회탐구센터가 한국교회 성인 성도 1,000명을 대상으로 가정예배를 얼마나 드리고 있는지 설문조사한 결과를 보면, 가정예배를 매주 드리는 가정이 14%이며, 매달 드리는 가정도 20%에 머물고 있습니다.[50] 그런데 성경은 가정예배가 하나님이 믿음의 가정에게 권면하신 선택사항이 아니라 명령에 순종해야 하는 사항임을 일관적으로 선언하고 있습니다.

_____복의 가정이 되게 하시려고 가정예배를 명령하셨다

성경은 하나님이 아브라함을 믿음의 조상으로 부르실 때, 그의 가정 가운데 이미 가정예배가 분명하게 자리하고 있었음을 보여 줍니다. 아브라함이 가나안 땅으로 이동하는 여정에 롯도 함께 갔으나, 이 두 가정이 구별되었던 한 가지를 하나님은 이렇게 언급하십니다.

"그(아브라함)가 처음으로 제단을 쌓은 곳이라 그가 거기서 여호와의

이름을 불렀더라 아브람의 일행 롯도 양과 소와 장막이 있으므로"(창 13:4-5).

아브라함의 가정에는 여호와의 이름을 부르는 제단이 있었습니다. 그런데 롯의 가정에는 양도, 소도, 장막도 있지만 결정적으로 제단이 없었습니다. 즉 가정예배가 없었던 것입니다. 성경은 이어서 롯의 가정은 결국 소돔 땅으로 갔고, 아브라함의 가정은 가나안 땅으로 갔다고 기록합니다. 족장 시대에 온 집안이 친족과 아비 집을 떠나 다른 곳으로 간다는 것은, 말 그대로 목숨을 건 믿음의 결단이었습니다. 그런데 왜 롯의 가정은 소돔 땅으로 들어갔을까요? 아브라함의 가정은 가는 곳마다 제단을 쌓고 여호와의 인도하심에 감사했습니다. 반면에 롯의 가정은 오늘 당장 필요한 양과 소, 장막을 챙기느라 여호와의 이름을 부르지 않았습니다. 우선순위가 무너진 것입니다. 그래서 세상적으로 볼 때 사람도, 직장도 많고 화려한 소돔 땅을 하나님이 말씀하신 복된 땅이라고 오해한 것은 아닐까요?

우리는 아브라함 가정이 들어갔던 가나안 땅이 처음부터 젖과 꿀이 흐르는 복의 땅이 아니라 기근이 있었던 척박한 땅이었음을 기억합니다. 여기에 하나님이 믿음의 명문 가문을 세우시는 방법이 드러납니다. 하나님은 아브라함과 그의 가정을 젖과 꿀이 흐르는 땅에 들여서 복된 가문이 되게 하지 않으셨습니다. 먼저 복이신 하나님을 예배하는 가정이 되게 하사 그 가정이 가는 곳마다 기근의 땅마저 젖과 꿀이 흐르는 복의 땅이 되게 하신 것입니다. 이것이 하나님이 믿

성경을 심는 부모 코칭 30일

음의 가정마다 가정예배를 명하신 이유입니다.

우리는 가정예배를 통하여 우리 삶의 진정한 복이 하나님이심을 깨닫습니다. 이 사실을 고백하며 감사함으로 인도받으며 살아 널 때 우리는 하나님이 어떤 복을 주셔도 그것을 우상 삼지 않을 수 있습니다. 오히려 받은 복은 하나님께 영광을 돌려드리는 찬송이 됩니다. 이 사실을 누구보다 하나님이 아십니다. 하나님은 당신의 백성들에게 늘 복 주시기를 원합니다. 그래서 하나님은 예외 없이 믿음의 가정마다 가정예배 드리기를 명하셨습니다. 노아, 이삭, 야곱, 요셉, 모세, 여호수아, 한나, 다윗, 욥, 고넬료, 디모데 등 믿음의 선진들도 예배를 세워 갔습니다. 성경은 가정예배를 어떤 가정의 선택사항으로 그리지 않고, 하나님을 경외하는 믿음의 가정이라면 누구나 행했던 보편적이고 공통된 순종의 자리로 증언합니다.

_____ 2천 년 기독교 역사에서도 가정예배는 필수항목이었다

하나님의 말씀만을 기준으로 교회를 세워 나갔던 초대교회에서부터 종교개혁 시대, 청교도 시대, 미국 대부흥 운동 시대, 한국 선교 초기에 이르기까지, 2천 년 교회사 안에 기록된 여러 문헌들은 일관되게 가정예배야말로 가장 우선되는 목회적 가르침 중 하나였다고 기록합니다. 초대교회의 성 크리소스톰이나 알렉산드리아의 클레멘트와 같은 교부들, 그리고 기독교 역사학자 리만 콜맨(Lyman Coleman)은 초대교회 기독교인들의 가정에는 가정예배가 거룩한 의례로서

드려졌다고 기록합니다.[51] 종교개혁 시대의 마르틴 루터는 1544년에 가정예배 설교집을 출간하며 부모가 가정의 제사장으로서 자녀와 문답을 통해 정기적으로 하나님에 대하여 가르쳐야 한다고 강조했습니다. 장 칼뱅 역시 가정을 작은 교회라고 가르치며, 언약공동체인 가정은 마땅히 가정예배를 드려야 한다고 가르쳤습니다.[52] 1647년에 웨스트민스터 신앙고백서와 함께 발간된 《가정예배 모범서》는 목회자와 장로의 의무사항 가운데 교인들에 대한 가정예배 교육과 목양을 포함하고 있습니다.[53]

조나단 에드워즈(Jonathan Edwards)가 섬겼던 노샘프턴교회의 언약갱신문에는 "가정예배를 경시하는 것은 하나님이 기대하시는 영예를 빼앗는 것"이라고 엄히 경고하고 있습니다.[54] 이러한 신앙의 전통을 잘 계승한 한국교회는 선교 초기부터 세례문답을 통해 세례받는 교인들이 마땅히 가정에서 행해야 할 신앙인의 삶으로 가정예배를 명시하였습니다.[55]

1922년 조선예수교장로회 헌법은 "가정예배는 집안마다 반드시 힘쓸지니 아침과 저녁으로 기도하며 성경을 보며 찬송할지니라"라고 선언했으며, 대한예수교장로회(예장통합) 총회교육부에서 발간한 가정예배집에서도 가정예배를 믿음의 가정이 신앙을 온전히 지켜내는 현장으로 소개하였습니다.[56]

이렇듯, 하나님의 말씀과 이천 년 교회사를 통하여 기록된 일관된 명령과 증언을 보아도 가정예배는 결코 시대적 대안이 아니라 성경적 원안이었음을 기억해야 합니다. 그렇다면 우리는 이제 질문을 바

　　　　　　　　　　　　　　　　성경을 심는 부모 코칭 30일

꾸어야 합니다. 우리 가정은 '가정예배를 드릴 것인가, 아닌가?'를 고민할 것이 아니라, '가정예배를 어떻게 드려야 할까?'가 우리의 질문이 되어야 합니다.

✳ 가정예배는 시대의 대안이 아니라 성경이 제시하는 원안이며, 선택사항이 아니라 순종사항입니다.

따라쓰기

....

....

....

✳ 믿음의 가정마다 가정예배에 대한 질문은 '가정예배를 드릴 것인가, 말 것인가?'가 아니라, '가정예배를 어떻게 드려야 할까?'로 바뀌어야 합니다.

따라쓰기

....

....

....

믿음의 부모에게 드리는 질문

• 나와 우리 가정은 가정예배를 하나님의 명령으로 받아 순종하고 있나요, 아니면 형편에 따라 선택할 수 있는 것으로 여기고 있나요?

우리는 가정예배를 통하여
삶의 진정한 복이
하나님이심을 깨닫습니다.
이 사실을 고백하며 감사함으로
인도받으며 살아 낼 때
우리는 하나님이 어떤 복을 주셔도
그것을 우상 삼지 않을 수 있습니다.

19일

온 가족이 하나님을 기억하는 시간

/////////////////////

"그러므로 믿음은 들음에서 나며
들음은 그리스도의 말씀으로
말미암았느니라"(롬 10:17).

많은 가정이 가정예배의 필요성을 느끼지만, 막상 어떻게 드려야 할지 모르겠다고 말합니다. 그렇다면, 가정예배는 무엇일까요? 가정예배는 시대와 교단마다 정의도 달랐고, 형식과 내용도 조금씩 달랐지만, 가정예배를 증언한 성경 말씀과 2천 년 교회사에 기록된 문헌들을 정리하면 이렇게 한 문장으로 정의할 수 있습니다.

가정예배란 '가족이 모여 하나님을 기억하고 감사하는 것'입니다.[57]

____ 성경을 가르치지 말고 하나님을 고백하라

가정예배를 우리 가정에 세우기 위해 세 단어만 기억하면 됩니다. '가족'이 모이고, '기억'하고, '감사'하는 것입니다. 가정예배를 시작하려는 가정이 가장 어렵게 느끼는 부분은 말씀을 전하는 시간입니다. 혹시나 자녀에게 성경 말씀을 잘못 전할까 봐 두렵기도 하고, 예배 때마다 본문을 달리 해서 성경을 가르치는 것이 부담스럽기도 합니다. 이럴 때 기억해야 할 오답노트는 이것입니다.

첫째, 가정예배의 말씀 시간은 부모가 자녀에게 '성경을 가르치는' 시간이 아니라 온 가족이 '하나님을 기억하는' 시간입니다. 성경

을 가르치려면 말씀에 대한 객관적인 지식과 복음적인 해석이 필요
하지만, 하나님을 기억하는 것은 다릅니다. 오늘 우리 가정에 주신
말씀 안에 나타난 하나님의 '성품'이나 '언약'을 부모와 자녀가 각자
자신의 수준만큼 고백하고 나누는 것이 좋습니다. 가정예배는 성경
에 나타난 이스라엘의 역사를 부모가 '설명'(explain)하는 시간이 아닙
니다. 오늘도 이스라엘의 역사를 통하여 발견된 하나님이 어떤 분이
신지를 '선포'(proclaim)하고 고백하는 시간이어야 합니다.

예를 들어, 가족이 함께 다니엘의 사자 굴 사건에 대한 말씀을 읽
었다고 합시다. 아빠는 다니엘에게 절체절명의 위기 가운데 기도할
수 있는 '믿음을 주신' 하나님을 고백할 수 있습니다. 엄마는 다니엘
이 사자 굴에 들어갈 때 사자의 입을 막으신 '지켜 주시는' 하나님을
고백할 수 있습니다. 아들은 다니엘을 모함하던 자들이 자기 함정에
빠지고 다니엘은 도리어 하나님과 다리오왕에게 인정받는 내용을
통해 '역전하시는 하나님'을 고백할 수 있습니다. 만일 이러한 상황
에서 자녀 중에 한 명이 '나는 모르겠다'고 말한다면 부모님은 그 자
녀에게 이렇게 말할 수 있습니다.

"괜찮아. 오늘 우리 가족이 고백한 하나님을 마음에 잘 기억하면
된단다. 그 하나님이 이번 한 주간 너의 삶을 동일하게 인도해 주실
것을 아빠와 엄마는 분명히 믿어."

우리는 가정예배에서 가족이 모두 고백을 해야 한다고 생각하지
만, 아직 자녀가 하나님의 성품이나 언약을 발견할 수 있는 연령적,
신앙적 수준이 안 될 때는 가족이 가정예배를 통해서 기억하는 하나

  성경을 심는 부모 코칭 30일

님의 성품이나 언약을 듣기만 해도 됩니다. 왜냐하면 믿음은 들음에서 나기에, 이미 귀로 들은 하나님의 은혜는 마음에 믿음으로 쌓이게 됩니다.

둘째, 가정예배에서 말씀을 읽는다는 것은 '이스라엘 역사 이야기'를 기억하는 것이 아니라 하나님이 주어가 되는 '하나님 이야기'를 전하는 것입니다. 다윗과 골리앗 사건의 주인공이 다윗이 아니라 다윗에게 믿음을 주신 하나님이 될 때, 말씀의 결론이 골리앗과 싸워 이긴 '용감한 다윗'이 아니라, 다윗에게 골리앗과 마주하여 담대히 싸울 수 있는 '믿음을 주신 하나님'이 될 수 있습니다. '기드온과 300용사 이야기'에서 하나님이 주어가 되실 때, 300명의 용사로 13만 5,000명의 미디안 군사를 이긴 '위대한 기드온'이 아니라, 기드온에게 순종의 마음을 부으사 단 300명의 용사로도 큰 대적인 미디안 군사를 이기게 하신 '승리의 하나님'이 결론이 됩니다.

'모리아산의 여호와 이레' 사건을 읽을 때, 하나님의 명령 앞에 아들 이삭마저 번제물로 드리려 했던 '위대한 믿음의 아브라함'으로 놀라워하는 것이 아니라, 모리아산을 오르는 3일간의 여정을 통해 '아브라함에게 순종할 믿음을 주시고 양을 준비하신 하나님'을 고백해야 합니다. '노아의 방주 이야기'를 읽을 때, 세상의 조롱에도 하나님의 명령인 방주 짓기를 끝까지 이루어 낸 '신실한 노아'가 주인공이 아니라, 노아가 끝까지 방주를 지을 수 있도록 믿음을 주시고 방주 문을 친히 닫아 주신 '완성하시는 하나님'이 되어야 합니다.

이렇게 가정예배에서 읽는 성경 말씀마다 위인전 속 인물이 아니라 그 인물의 삶을 통해 이루신 가장 위대하신 하나님을 발견하게 됩니다. 바로 그 자리는 역사 수업 시간이 아니라 오늘 나의 삶에 동일하게 임하셔서 역사하시는 하나님을 만나는 시간이 됩니다. 활자를 읽는 시간이 아니라 그 너머의 살아 있는 신앙이 채워지는 예배 시간이 됩니다.

가정예배 안에서 믿음의 부모가 늘 기억해야 하는 것은 가정예배를 인도하는 부모 역시 하나님 앞에 자녀로 예배해야 한다는 것입니다. 적어도 가정예배의 자리에서만큼은 부모도 하나님의 아들과 딸이 되어야 합니다. 따라서 가정예배 시간은 '부모가 하고 싶은 훈계를 늘어놓는 시간'이 아니라, '하나님이 하시고 싶은 말씀'을 가족 모두가 자녀로서 경청하는 시간이라 할 수 있습니다. 그럴 때 가정예배는 부모가 자녀에게 성경을 가르치는 시간이 아니라, 성경이 부모와 자녀 모두를 가르치는 시간임이 더욱 분명해집니다.

가정예배 시간에 하나님이 주목하시는 것은 부모가 자녀에게 '하나님에 관한 지식'을 얼마나 잘 전달하였느냐가 아닙니다. 하나님은 부모가 먼저 하나님을 기억하고 감사하는 '바른 예배자'로 섰느냐를 주목하십니다. 왜냐하면, 하나님의 관점에서 보면 부모 역시 하나님 앞에서는 말씀이 너무나도 필요한 자녀이기 때문입니다. 노아의 가정예배(창 7:1)에서도, 아브라함의 가정예배(창 18:16-33)에서도, 여호수아의 고백(수 24:15)에서도, 욥의 가정예배(욥 1:5)에서도, 하나님은 그 부모세대가 먼저 하나님 앞에 자녀이자 예배자로 온전히 나아감을 기뻐하셨다고 기록합니다.

청교도 시대의 리더인 리처드 백스터, 매튜 헨리, J. W. 알렉산더 등과 같은 신학자와 목회자들은 가정예배에서 전하는 성경 말씀의 본질과 능력을 알았기에 부모가 자녀와 함께 말씀 읽는 것의 중요성을 반복하여 강조하였습니다.[58]

로마서 10장 17절, "믿음은 들음에서 나며 들음은 그리스도의 말씀으로 말미암았느니라"는 말씀을 통하여 우리는 다시 한번 확인하게 됩니다. 믿음은 하나님의 말씀을 들음으로 얻지만, 그 들음은 단지 '성경을 읽는 행위'를 넘어서, 그리스도를 통하여 나타내신 '사랑과 구원의 하나님'을 기억하고 감사하는 것을 의미합니다. 가정예배 가운데 말씀을 읽는 것은, 믿음이 우리 가정에 부어지는 가장 복된 자리로서 온 가족이 함께 누리는 복된 시간입니다.

마음에 새기는 한 문장 ✏️

✴ 가정예배에서 말씀 시간은 부모가 자녀에게 '성경을 가르치며' 설명하는 시간이 아니라 온 가족이 '하나님을 기억하며' 선포하는 시간입니다.

따라쓰기

....

....

....

✴ 가정예배는 부모와 자녀 모두가 동일한 하나님의 자녀로 부름받은 자리입니다. 오직 우리 가정의 진정한 가장 되시는 하나님 아버지만 말씀하시는 시간입니다.

따라쓰기

....

....

....

믿음의 부모에게 드리는 질문

• 우리의 가정예배는 어떻게 하면 가르침의 자리를 넘어, 가족이 함께 하나님을 기억하고 감사하는 예배의 시간이 될 수 있을까요?

가정예배를 우리 가정에
세우기 위해
세 단어만 기억하면 됩니다.
'가족'이 모이고,
'기억'하고,
'감사'하는 것입니다.

[가정예배의 본질]
지적이 아니라 기도하는 시간

/////////////////////

"두세 사람이 내 이름으로 모인 곳에는
나도 그들 중에 있느니라"(마 18:20).

성경에 기록된 가정예배에 관한 말씀들을 보면 하나님의 관심은 늘 형식이 아니라 사건에 있었습니다. 성경은 노아나 아브라함, 욥이 드렸던 가정예배가 어떤 순서와 내용으로 구성되었는지에 대하여는 거의 언급이 없으며, 그 예배 안에서 가족이 모여 하나님을 기억하고 진심으로 감사하였는지에 대하여만 기록하고 있습니다.

____ 왜 가정예배를 지속하지 못하는가?

가정예배를 시작했다가 지속하지 못하는 이유는 무엇일까요? 여러 가정의 사례를 들어 보면, 가정예배 중에 보이는 자녀들의 태도가 불편하기 때문이라고 합니다. 가정예배를 교회에서 드리는 주일예배의 축소판으로 오해하기 시작할 때, 가정예배에 제대로 앉아 있지 않고, 때로는 떠들고, 장난치고, 심지어 엎드려 있는 자녀가 거슬립니다. 부모 입장에서는 '하나님을 기억하고 감사하기'보다 '자녀를 지적하고 평가하는' 시간을 보낼 가능성이 훨씬 높습니다.

자녀들이 미취학기거나 학령전기까지는 부모님의 훈육 앞에 어느 정도 순종합니다. 그러나 자녀가 십대가 되면서 더는 부모의 지적이 자녀들의 자세나 태도를 바꾸지 못합니다. 부모의 지적은 잔소리가 되어 자녀와 좋은 관계를 지속하기 쉽지 않은 상황에까지 이릅니다. 그러면 이러한 상황에서 어떻게 가정예배를 성경적으로 지속할 수 있을까요?

가정예배는 부모가 기대하는 모습으로 자녀의 태도를 교정하는 도덕 시간이 아닙니다. 가족이 모여 하나님을 기억하는 시간입니다. 오직 하나님의 말씀만으로 어떻게 가정예배를 드려야 할지를 작성하고 가르쳤던 청교도 시대의 《가정예배 모범서》(*The Directory for Family Worship*, 1647)에도 가정예배의 핵심을 가족이 모여 성경을 한 구절이라도 읽고 하나님을 기억했는지에 주목했습니다. 여기에서 가장의 우선적인 책임은 가정예배를 인도하되 모든 가족이 그 말씀으로 자신의 삶을 돌아보고 적용하도록 돕는 것이라고 기록하고 있습니다.[59] 가족이 모여 말씀을 읽고 기도하는 가정예배 사건에 대하여는 강조하고 있지만, 가정예배의 형식에 대하여는 언급조차 없습니다.

미국 대각성 운동을 이끌었던 조나단 에드워즈(Jonathan Edwards) 역시 가정예배는 신앙인의 의무지만, 형식적으로 지켜 내야 할 의례가 아니라 가족 모두가 말씀을 읽고 기도 드림으로 신앙의 영적 유산이 전해지는 시간이 되어야 한다고 가르쳤습니다.[60] 1922년 조선예수교장로회 헌법 초안에 기록된 가정예배 지침도 형식에 대한 언급은 전혀 없고, "아침저녁으로 기도하며 성경 보고 찬송하는 영적 사건이 있어야 한다"[61]고 안내합니다.

우리 가정은 17년째 가정예배를 매일 드리고 있으며, 자녀가 청소년이 되면서부터는 아침과 저녁으로 하루에 두 번씩 가정예배를 드립니다. 지금도 나는 가정예배를 드리는 자녀들의 모습에 적응이 되지 않습니다. 손과 발은 늘 어수선하고, 이마는 거실 책상에 붙어 있으며, 입은 끊임없이 떠듭니다. 자녀들이 어려서부터 십대가 된 지금까지 가정예배 때마다 거의 빠지지 않고 하는 대화가 있습니다.

"누나, 왜 눈떴어?"

"너는 왜 떴어?"

"발가락 좀 건들지 마."

"네가 먼저 건드렸잖아."

이럴 때마다 마음에는 늘 의심의 영이 충만해집니다. 그래서 가끔 예배 마치고 아들에게 묻습니다.

"해건아, 오늘 말씀 듣기는 했니? 장난만 치는 것 같던데?"

그러면 아들이 말합니다.

"아빠, 야곱이 문제 끌어안고 기도하지 않고 하나님 끌어안고 기도했더니 소망의 새벽을 주셨다는 말씀이잖아. 걱정 마. 나도 그래야 하는 순간이 오면 그렇게 할 거야."

내 눈에는 집중 못하고 엎드려 있던 아들밖에 안 보였는데, 하나님은 아들의 연약한 모습에 제한받지 않으시고 오늘도 작정하신 말씀의 씨앗을 심으신 것을 보았습니다.

한번은 저녁 가정예배 시간에 중학교 3학년인 딸이 힘이 하나도 없는 모습으로 거의 모든 시간 눈을 감고 예배드리는 것을 봤습니다. 평소에는 말씀을 윤독(輪讀)하고 각자 주신 말씀을 마음에 품고 기도한 뒤에 부모 중 한 명이 기도함으로 예배를 마쳤지만, 그날은 아이가 피곤해하는 것 같아서 기도 시간도 짧게 하고 서둘러 예배를 마쳤습니다. 그랬더니 딸이 그럽니다.

"아빠, 나 기도할 게 더 있었는데 갑자기 마무리 기도를 하면 어떡해요?"

부모의 눈에는 눈감고 엎드려 예배를 안 드리는 것처럼 보였지만, 하나님은 그 시간에도 여전히 딸의 마음에 찾아가셔서 기도로 만나 주셨던 것입니다.

하나님은 언약하신 대로 주의 이름으로 두세 사람이 모이는 가정예배의 자리마다 임재하셔서 우리 모임이 예배 되게 하십니다. 부모의 기대대로 장난치지 않는 두세 사람이 아니라, 똑바로 앉아서 모범적으로 참여하는 두세 사람이 아니라, 자녀의 모습이 어떠하든 상관없이 주의 이름으로 모이기만 하면 거기에 하나님이 임재하신다고 언약하십니다. 그럴 때 아무리 자녀의 마음이 메마르고 강팍해도, 그곳에는 하나님이 넉넉한 은혜의 강물로 덮어 주시사 회복이 일어나는 예배로 만들어 주십니다.

이처럼 가정예배는 가족과 자녀가 어떠한가에 달려 있지 않고, 그 자리에 임재하시는 하나님의 크심과 은혜 위에 세워집니다. 우리 눈에 보이는 자녀의 부족한 모습은 지적할 이유가 아니라 기도할 이유입니다. 오늘도 비어 있는 공간만큼 하나님이 말씀과 은혜로 채워 주실 것을 소망합니다. 그러기에, 가정예배는 부모가 원하는 만큼 자녀를 교정하고 자녀가 모범적인 예배자의 모습을 '흉내 내게 하는 시간'(playing)이 아니라, 있는 모습 그대로 나아가지만 하나님의 더욱 크신 은혜와 언약을 신뢰하며 나아가는 '기도하는 시간'(praying)이 되어야 합니다.

✸ 가정예배의 핵심은 형식을 지켜 내는 것이 아니라 사건을 붙드는 것입니다. 두세 사람이 주의 이름으로 모일 때 함께하겠다고 언약하신 하나님은 가정예배의 자리마다 늘 함께하십니다.

따라쓰기

....

....

....

✸ 가정예배에서 주목해야 할 것은 자녀의 응답이 아니라, 예배의 자리에 임하신 하나님을 믿고 의지하는 부모의 응답입니다.

따라쓰기

....

....

....

믿음의 부모에게 드리는 질문

• 가정예배의 핵심은 형식이 아니라 사건임을 기억할 때, 우리 가정에 주시는 도전이나 소망은 무엇인가요? 이를 위해 오늘부터 무엇을 실천할 수 있나요?

자녀의 마음이 메마르고 강퍅해도
주의 이름으로 모이기만 하면
하나님이 은혜의 강물로
덮어 주시사
회복이 일어나는
예배로 만드십니다.

21일

[가정예배의 조건]
가정예배는 시간을 내서 드리는 것

//////////////////////

"주의 말씀은 내 발에 등이요
내 길에 빛이니이다"(시 119:105).

가정예배를 드리지 못하는 이유를 묻는 질문에 빠지지 않고 등장하는 대답은 '가족이 모일 시간이 없어서'입니다. 이전에 비하여 현대인의 삶은 더 바빠졌습니다. 함께 모일 시간이 없다는 말이 이해는 됩니다. 하지만, 진짜 중요한 일은 아무리 바빠도 따로 시간을 내서 합니다. 눈코 뜰 새 없이 바빠도 시간을 내서 밥을 먹는 것과 같습니다. 하루라도 먹지 않으면 다음 날을 살아갈 힘을 얻지 못합니다. 그러니 부모라면 시간을 정하여 자녀에게 육의 양식을 채워 주는 것이 상식입니다. 마찬가지로 믿음의 부모가 영의 양식인 하나님의 말씀을 자녀에게 먹이는 것이 당연합니다.

____ 가정예배, 믿음의 부모가 마땅히 해야 할 의무

현대의 자녀세대 복음화율이 미전도종족 수준으로 떨어졌다는 이야기는 이미 수년 전부터 들려오는 말입니다. 이 말은 곧 내 자녀가 하루의 대부분을 보내는 학교나 학원, 직장 안에서 하나님 말씀을 찾아보기 어렵다는 뜻입니다. 그런데 시편 기자는 "주의 말씀은 내 발에 등이요 내 길에 빛"(시 119:105)이라고 선언합니다. 자녀가 스스로 말씀을 빛으로 삼지 않고는 세상과 구별된 걸음을 걷는 것이 어

려운 시대입니다. 이것을 아시는 하나님이 말씀하십니다. 어두운 밤
길을 가려면 앞을 비출 밝은 등을 들고 가야 하는 것처럼, 우리 자녀
가 영적으로 어두운 세상에서 걸어 나가려면 그 손에 말씀의 빛을
쥐어서 보내는 것이 믿음의 부모가 마땅히 해야 할 의무라고 말입
니다.

종교개혁자 마르틴 루터도 가정예배야말로 자녀 신앙 양육의 초
석이라고 이해하며, "하나님 보시기에 우리가 자녀들을 신앙 교육하
지 않아서 범하는 죄만큼… 어떤 외적인 죄도 없습니다"라고 가르쳤
습니다.[62] 청교도 시대에 교회가 믿음의 부모를 가르치는 교재로 사
용하던 《웨스트민스터 대요리문답》(*Westminster Larger Catechism*) 역시
신자로서의 마땅한 의무 안에 개인예배, 주일예배와 함께 가정예배
를 포함하여 가르쳤습니다.[63]

스코틀랜드 장로교총회 가정예배 규칙서에는 "가족의 통상적인
의무는 한자리에 모여 가정예배를 드리는 것이다. 예배할 때 먼저 기
도하고… 성경을 읽고… 우리는 무신론자들과 경건치 못한 자들의
조롱에도 불구하고 생업이나 그 외의 사유 때문에 가정예배를 뒤로
미루지 말고 성실하게 드려야 한다"라는 규정이 나와 있으며, 가정
예배를 지속적으로 드리지 않는 경우에는 성만찬을 금지하는 수찬
정지까지 명하였습니다.[64]

                                                성경을 심는 부모 코칭 30일

　우리 가정은 요즘에 밤 10시 30분에 저녁 가정예배를 드리고 있는데, 그 시간에 내가 집에 들어가지 못하는 날이 많습니다. 한마디로 가족이 모일 시간이 부족한 상황입니다. 그런데 우리가 어떻게 가정예배를 16년간 매일 드릴 수 있었을까요? 사실 답은 매우 간단합니다. 나를 뺀 나머지 모일 수 있는 가족만 모여서 드리면 됩니다. 왜냐하면, 내가 그 시간에 말씀 전하느라, 회의하느라, 여러 모임에 참여하느라 가정예배에 함께하지 못하는 것을 하나님이 아시기 때문입니다. 이런 날이면 아내는 가정예배 시작 전에 아이들에게 아빠의 상황을 나누고, 마칠 때는 함께 중보해 줍니다. "하나님, 오늘 아빠가 말씀을 잘 전하게 하시고, 돌아오는 길은 안전하게 지켜 주세요." 이 기도가 선포되는 순간 아빠의 부재가 느껴지는 자리가 아니라, 가족 모두가 서로를 위해 기도하고 응원하는, 성령님이 하나되게 하시는 은혜의 자리가 됩니다.

　딸이 학원에 있어서, 아들이 군대에 가 있어서, 자녀가 유학 중이어서 함께 모일 수 없다면 모일 수 있는 가족만 모여서 가정예배를 드릴 수 있습니다. 만일 모일 수 있는 가족이 나 혼자라면, 가족에게 가정예배 시간을 알려 주고 말씀과 기도제목을 공유할 수 있습니다. 그래서 비록 물리적으로 떨어져 있어도 같은 시간에, 같은 믿음으로, 같은 하나님을 기억하고 감사할 수 있다면 하나님은 그 가정의 예배를 받아 주십니다.

　이러한 가정예배의 여정 안에서 하나님의 때가 되면 우리의 기도 제목을 간증으로 바꾸시게 하는 날이 올 것입니다. 그날 우리 가족의 믿음이 성장한 기록은 가정예배를 지켜 낸 부모만의 것이 아니라 자녀의 간증도 될 것입니다. 같은 가정예배 안에서 같은 말씀 붙들고 함께 기도했기에 가정의 여정마다 임하신 하나님의 역사는 자녀의 마음에 살아 있는 선물이 됩니다.

✱ 가정예배는 '시간 있을 때'가 아니라 '시간 내서' 드리는 것입니다. 모이는 횟수보다 더 중요한 것은 가정 안에 정기적인 예배 시간을 정하고 드리는 것입니다.

따라쓰기

....

....

....

✱ 가족 모두가 모일 수 없는 상황에서는 가능한 사람만이라도 모여서 가정예배를 드릴 수 있습니다. 왜냐하면, 하나님은 우리 가정의 상황을 알고 계시기 때문입니다.

따라쓰기

....

....

....

믿음의 부모에게 드리는 질문

• 온 가족이 아니더라도, 모일 수 있는 사람끼리 가정예배를 드려 봅시다. 예배를 드리기 좋은 시간과 장소는 언제, 어디인가요?

22일

[가정예배의 울타리]
공감과 경청의 유앤미 시간

////////////////////

"즐거워하는 자들과 함께 즐거워하고
우는 자들과 함께 울라"(롬 12:15).

얼마 전 저녁식사를 마치고 가족과 이야기를 나누던 중에 중학교 3학년인 딸이 내게 앞뒤 맥락도 없이 이렇게 말했습니다.

"아빠, 나는 나중에 결혼하면 매일 가정예배를 드릴 거예요. 지금 우리 집 가정예배보다 더 길게 드릴 거예요."

딸의 말에 궁금함이 생겨서 물었습니다.

"왜 그런 생각을 했어?"

"예수님 믿지 않는 내 친구들도 우리 집 가정예배를 엄청 부러워해요. 가정예배를 드릴 때는 모두가 내 말을 경청해 주잖아요. 그 얘기를 했더니 가정예배가 대화를 많이 하는 시간인 줄 알아요."

딸과의 대화가 지금도 마음에 남아 있습니다. 예수 믿지 않는 친구들조차 가정예배를 부러워한다는 말은 제 가슴을 뛰게 하는 커다란 울림이자 격려였지만, 동시에 애통이기도 했습니다. 이 시대, 그것도 십대 청소년에게서 들은 말이었기에 더 의미 있게 다가왔습니다. 거기에 예수 믿는 가정이 부러운 이유가 다름 아닌 자신의 말을 가족 구성원이 경청해 주기 때문이라는 말은 제 마음을 무거운 슬픔에 빠지게 했습니다.

이 시대 청소년들은 SNS를 통해 소통하고, 인터넷 강의를 들으며 일상을 보냅니다. 아주 어린 나이부터 경쟁과 성취로 자신을 증명해

내야만 인정받는 시대를 살아가고 있습니다. 그런데 생각해 보니 지금 우리 아이들에게는 자신의 눈과 마음을 읽어 주며 생각과 감정을 공감해 주고, 경청해 주는 어른이 많이 없습니다. 학교나 학원, 친구들 사이에서도 자신의 이야기를 마음으로 들어주고 함께 웃고 울 수 있는 사람을 찾기가 어려운 것이 현실입니다. 오죽하면 한 학기에 한 번 있는 소풍날이 다가오면, 아이들은 그날 자신과 놀아 줄 친구들이 있는지 확인하고 약속을 받는다고 합니다. 그런 그들에게 특히 마음을 주목하고 경청해 주는 어른이 더욱 필요합니다.

_____ 자녀의 말에 얼마나 경청하고 있는가?

최근 경청이 얼마나 사람의 행복감에 영향을 주는지에 대한 여러 연구가 있었습니다. 그중 하나가 하버드대학교 소속 뇌과학자 다이애나 태미르(Diana Tamir) 교수가 발표한 뇌과학 연구입니다.[65] 경청과 행복감의 관계를 연구한 것으로, 자신의 이야기를 상대방에게 할 때 뇌에서는 행복감을 느끼게 하는 보상회로가 강력하게 반응한다고 합니다. 반응의 정도를 확인하니 길을 가다가 돈을 주웠을 때나 맛있는 음식을 먹을 때 뇌에서 나오는 행복감과 같은 수치였다고 합니다. 사람은 자신의 이야기를 누군가 경청해 줄 때, 높은 행복감을 느낀다는 것입니다.

그리고 보니, 매일 가정에서 온 가족이 자기 이야기를 경청하고, 공감하며, 격려하는 가정예배의 자리는 예수님을 믿지 않는 딸의 친구에게 너무나 매력적이고 부러운 자리가 되었다는 말이 이해됩니다. 결혼하면 지금 드리는 가정예배보다 '더 길게' 드리겠다는 딸의 말은 오랫동안 마음에 쌓인 '진심의 고백'이었습니다.

성경은 자녀를 믿음 안에서 양육할 때 부모가 먼저 자녀의 말을 경청해 주라고 명령하고 있습니다. 에베소서 6장 4절에서 말하는 "양육하라"는 헬라어로 '엑트레페테'(ἐκτρέφετε)인데, 여기에는 '본을 보여 양육하다'는 의미가 있습니다. 한마디로, 부모가 신앙교육을 할 때 자녀가 부모의 말을 경청하도록 가르치는 출발점은, 부모가 먼저 자녀의 말을 진심으로 경청하는 데서 시작한다는 말입니다. 사도 바울도 로마서 12장 15절에서 "즐거워하는 자들과 함께 즐거워하고 우는 자들과 함께 울라"고 명령합니다. 부모의 공감과 경청은 자녀의 마음속에 진리가 흐르게 하는 가장 강력하고 안전한 성경적 방법입니다.

___ 경청하는 부모를 통해 경청을 배운다

이러한 관점에서, 저는 우리 가정에서 하고 있는 유앤미(You&Me) 시간을 추천합니다. 유앤미는 말 그대로 '너와 나'의 시간으로, 가정예배와 구별된 또 다른 만남입니다. 자녀가 잠을 자려고 침대에 누우면, 부모님이 자녀 옆에 가서 자녀가 하고 싶은 이야기를 들어주는 겁니다. 여기에는 한 가지 약속이 있습니다. 그것은 자녀는 어떤 이야기든 해도 되고, 부모는 어떤 이야기를 듣든지 경청하고 공감해 주는 것입니다. 하루 중 대부분은 부모님이 주도하여 이야기하지만, 적어도 이 시간만큼은 자녀가 이야기를 주도합니다. 자녀가 나누고 싶은 이야기가 없으면 이야기하지 않아도 됩니다. 이 자리에서 자녀는 경청하는 부모를 통해 경청을 배웁니다.

이때 주의해야 할 것은 부모는 부모의 언어가 아닌 자녀의 언어로 대화해야 한다는 것입니다. 여기에 게리 채프만(Gary Chapman)의 《5가지 사랑의 언어》가 도움을 줍니다. 게리 채프만은 각 사람에게는 사랑을 느끼고 표현하는 사랑의 언어가 있다고 말합니다. 그 언어는 함께하는 시간, 인정하는 말, 스킨십, 선물, 봉사로 다섯 가지인데, 우리가 사랑을 표현할 때는 나의 언어가 아닌 상대방의 언어로 표현해야 한다고 설명합니다.[66]

만일 부모의 사랑의 언어가 '함께하는 시간'이고, 자녀의 사랑의 언어가 '스킨십'이라면 많은 시간을 함께 보내는 것보다 자기 전에 가볍게 팔다리를 주물러 주는 것이 효과적입니다. 부모와 자녀가 서로의 사랑의 언어를 물어보고 알아 가며 표현하고 섬기는 과정은 가정 안에 안전한 유앤미 시간을 만드는 지혜가 될 수 있습니다. 이러한 경청과 지지의 유앤미 시간은 가정예배가 견고하게 유지될 수 있는 안전한 영적 울타리가 됩니다.

<u>마음에 새기는 한 문장</u> ✏️

✴ 자녀는 자신의 말을 경청해 주는 부모를 통해 부모의 말을 경청하는 법을 배워갑니다. 유앤미 시간은 부모가 자녀의 말을 온전히 경청하며 공감할 수 있는 안전한 시간입니다.

따라쓰기

....

....

....

✴ 경청과 지지의 유앤미 시간은 가정예배를 견고하게 유지할 수 있는 영적 울타리가 됩니다.

따라쓰기

....

....

....

<u>믿음의 부모에게 드리는 질문</u>

• 우리 가정에는 자녀가 평가받지 않고 안전하게 자신의 이야기를 나눌 수 있는 유앤미 시간이 있나요? 오늘 저녁부터 자녀 곁에 앉아 그 시간을 가져 보면 어떨까요?

가정예배를 불편해하는
자녀와 시작하기

"예수께서 이르시되 오늘 구원이 이 집에 이르렀으니
이 사람도 아브라함의 자손임이로다"(눅 19:9).

자녀가 가정예배를 매우 불편해한다면서, 부모로서 어떻게 반응해야 할지 모르겠다고 상담하시는 분들이 적지 않습니다. 예배를 억지로 드리게 할 수도 없고, 괜히 가정예배를 강행하다가 기독교에 대한 부정적인 대화가 더 오갈 수 있으니, 자녀가 준비될 때까지 기다려야 하는가 고민된다는 것입니다. 만일 가정예배가 선택사항이라면 기다려 보라 권할 수 있을 것입니다. 그러나 가정예배는 모든 가정에게 명하신 하나님의 명령이자 성경적 원안임을 다시금 기억할 때, 가급적 오늘부터 가정예배를 시작하는 것이 바른 걸음입니다.

문제는 자녀가 하나님을 인정하지도, 믿지도 않을 때입니다. 이런 상황에서는 어떻게 가정예배를 드릴 수 있을까요?

_____ 일상에서 부모가 만난 하나님을 고백하라

자녀가 하나님을 인정하지 않을 때, 가정예배의 여러 모델 중에서 일상모델로 가정예배를 드릴 수 있습니다.[67] 일상모델이란 가정예배라는 정기적인 시간과 장소에 가족이 모일 수 없을 때, 가족이 함께 모일 수 있는 일상의 자리에서 가정예배를 드리는 것입니다.

예를 들어, 평소에 가정예배를 드리자고 하면 반응이 없지만, 치킨 먹게 나오라고 하면 즐거워하는 십대 아들이라고 해봅시다. 이런 아들과의 간식 시간은 일상모델의 좋은 현장이 될 수 있습니다. 치킨을 주문하고 집에 도착하기 30분 전, 믿음의 부모는 이 자리에서 아들의 마음이 영적으로 부드러워지고 하나님의 은혜를 함께 기억하는 가정예배의 사건이 일어나기를 기도합니다. 그리고 치킨이 도착하고 먹기 전에 "사랑하는 아들, 기도는 하고 먹자. 엄마가 기도할게"라고 기도하고 먹는다면 가정예배의 첫 번째 조건인 '가족이 모여'를 채우게 됩니다.

이제 두 번째 조건인 '하나님을 기억하고 감사하는 것'만 채워 넣으면 됩니다. 치킨을 함께 먹는 동안 이 자리를 가정예배로 세우기를 원하는 부모는 아들에게 이렇게 말할 수 있습니다.

"아들, 요즘 엄마가 기도하고 있는 것 알지? 그런데 엊그제 하나님이 응답해 주셨어. 참 감사해."

이렇게 엄마가 감사를 말하는 순간 치킨을 먹는 자리는 하나님을 기억하고 감사하는 고백의 장소가 됩니다. 그리고 그 감사의 고백을 아들이 함께 들었습니다. 평소에 아들은 하나님을 인정하지 않지만, 엄마의 삶의 고백을 들으면 엄마에게는 하나님이 있을 수도 있겠다고 생각할 수 있습니다.

이때 아들에게 더하여 이렇게 물을 수 있습니다.

"엄마가 아들을 위해서 기도하는데, 혹시 고민이나 이루고 싶은 일들이 있니? 엄마가 기도하면 하나님이 잘 들어주시잖아."

처음부터 대화가 잘 되지는 않겠지만, 이런 시간들이 쌓이면 언젠

   성경을 심는 부모 코칭 30일

가 아들의 입에서 이런 대답이 나올 수도 있습니다.

"요즘 공부가 힘들어요." "학원이 너무 지쳐요." "학교에서 친구들과 관계가 별로 안 좋아요."

이때 엄마는 아들에게 믿음으로 권면할 수 있습니다.

"엄마가 기도제목을 들었으니, 이제 적어 놓고 매일 기도할 거야. 하나님이 분명히 기도를 들어주실 거야. 너도 자기 전에 '하나님, 정말 계시다면 도와주세요'라고 기도해 봐."

자녀의 마음이 힘들수록 자녀는 엄마 말이 기억나서 이전에는 한 번도 하지 않았던 기도를 할 수 있습니다.

이러한 대화를 나누었다면, 부모는 기도를 시작해야 합니다. 자녀가 말한 대로 어려움을 해결해 달라는 기도보다는, 이 기도를 통해 자녀가 하나님이 정말 계심을 경험하게 해 달라고, 하나님의 뜻을 이루어 달라고 기도해야 합니다. 먼저 그의 나라와 그의 의를 구하는 이 기도를 하나님이 들어주실 줄 믿습니다.

____ 예수님처럼, 먼저 친구가 되어 주라

우리는 기억합니다. 하나님의 구원과 상관없이 살던 삭개오가 예수님이 자기 집 앞을 지나간다는 소식에 뽕나무 위로 올라갑니다. 그 결과 그는 예수님을 인격적으로 만납니다. 당시 상식으로 세리 삭개오는 하나님 나라와는 거리가 먼 인생이었습니다. 그런데, 그러한 삭개오가 어떻게 뽕나무 위로 올라갈 생각을 했을까요?

복음서는 여러 곳에서 삭개오가 뽕나무 사건 이전에 직접적이든 간접적이든 예수님을 만났을 가능성을 제시하고 있습니다.

"모든 세리와 죄인들이 말씀을 들으러 가까이 나아오니… 이 사람이 죄인을 영접하고 음식을 같이 먹는다 하더라"(눅 15:1-2).

"예수께서 마태의 집에서 앉아 음식을 잡수실 때에 많은 세리와 죄인들이 와서 예수와 그의 제자들과 함께 앉았더니"(마 9:10).

"인자는… 세리와 죄인의 친구로다 하니"(눅 7:34).

삭개오는 당시 세리 중에서도 높은 위치에 있던 세리장이었습니다. 그는 예수님이 어떤 분이신지, 그리고 세리에게 세상과는 전혀 다른 환대와 용납의 태도를 보여 주셨다는 이야기를 반복해서 들었을 것입니다. 그러던 중 삭개오는 예수님이 자기 동네에 오신다는 소식을 들었습니다. 그는 드디어 예수님께로 나아갈 마음이 충만해졌습니다.

모든 손가락이 귀하지만, 하나님은 아픈 인생을 더 깊이 바라보십니다. 하나님의 뜻과는 멀어 보였던 삭개오의 삶이었지만, 예수님은 회복 가능성을 포기하지 않으시고 은혜의 초대를 멈추지 않으셨습니다. 나는 예수님이 삭개오가 있는 여리고성으로 오기 전에 그를 위해 기도하셨을 것이라고 확신합니다. 기도의 마음을 품으며 나아가던 예수님의 눈과 삭개오의 눈이 마주쳤습니다. 이때 예수님의 마음에 있던 말이 나왔습니다.

"삭개오야 속히 내려오라."

이 말은 명령이기보다는, 그를 향한 하나님의 간절한 사랑이자, 하나님 없이 살던 삶을 향한 애통이었을 것입니다.

가정예배는 바로 그러한 자리입니다. 예배드릴 형편이 되어야 드릴 수 있는 것이 아닙니다. 그 형편을 아시는 하나님의 마음과 애통이 채워진 곳에서 오늘부터 하나님의 진리를 증언하는 자리입니다. 자녀를 예배자로 만들겠다는 거창한 목표는 잠시 밀어 두고, 세리의 친구였던 예수님처럼 자녀의 삶에 친구가 되어 줍시다. 그를 예배자로 만드시는 하나님을 친절히 증언하고 나눕시다.

가정예배는 신앙에 대하여 마음을 조금도 열지 않는 가족을 향한 나의 사랑이나 인내만큼 하는 것이 아니라, 그를 향한 하나님의 사랑과 인내로 하는 것입니다. 바로 거기서 우리는 "하나님이 포기하지 않으셨으니 저도 포기하지 않겠습니다"라는 진정한 믿음의 고백을 할 수 있습니다. 이때 아직 하나님을 인정하지 않는 우리 가족은 나의 인내와 사랑과 열정을 보는 것이 아니라, 내 안에 계신 예수님의 인내와 사랑과 열정을 마침내 보게 될 것입니다. 그 자리에서 나는 죽고 예수로 사는 인생이 선명해질 것입니다.

마음에 새기는 한 문장 ✏️

✶ 자녀가 가정예배를 불편해할 때, 부모는 일상의 자리에서 하나님을 기억하
고 감사하는 일상모델 가정예배를 드릴 수 있습니다.

따라쓰기

....

....

....

✶ 일상모델 가정예배를 통해 자녀는 부모 삶에 역사하신 하나님의 이야기를
들으면서, 자신의 고민을 들고 기도의 자리로 나아갈 수 있습니다.

따라쓰기

....

....

....

믿음의 부모에게 드리는 질문

• 만일 자녀가 가정예배를 불편해한다면, 가정의 신앙교사로서 어떤 영적
안내를 할 수 있을까요? 일상의 삶에서 자녀와 함께 드릴 수 있는 일상모
델 가정예배를 언제, 어느 자리에서 시도해 보면 좋을까요?

가정예배는
신앙에 대하여 마음을 조금도
열지 않는 가족을 향한
나의 사랑이나
인내만큼 하는 것이 아니라,
그를 향한 하나님의 사랑과
인내로 하는 것입니다.

형편에 따라 풍성한 방법으로
예배드리기

/////////////////////

"오늘 내가 네게 명하는 이 말씀을 너는 마음에 새기고
네 자녀에게 부지런히 가르치며 집에 앉았을 때에든지
길을 갈 때에든지 누워 있을 때에든지 일어날 때에든지
이 말씀을 강론할 것이며"(신 6:6-7).

모든 자녀의 얼굴과 성격이 다른 것처럼 가정마다 형편이 다르기에 한 가지 모델로 가정예배를 계속 드리기는 쉽지 않습니다. 무엇보다 우리의 형편을 아시는 하나님은 성경을 통하여 적어도 다섯 가지 정도의 가정 모델을 제시하셨습니다. 각 모델별로 다양한 형태의 신앙 전수 사건이 멈추지 않고 일어났습니다.

가장 대표적으로는 아브라함의 가정과 같이 할아버지 세대부터 하나님을 경험하고 신앙을 전수해 온 3대 신앙가문이 있으며, 고넬료의 가정과 같이 가족 중에 예수 믿는 사람이 없었으나 자기 믿음으로 가족 모두 기독교인이 되었던 1세대 신앙가정도 있습니다. 에스더와 같이 믿음의 부모가 있었다는 기록이 없으나 모르드개와 같이 친족 안에 믿음의 부모세대가 있어서 신앙이 전수된 친족 신앙가정도 있고, 디모데와 같이 아버지는 기독교인이었다는 언급이 없으나 어머니와 외할머니가 깊은 신앙인이어서 신앙이 아름답게 전수되었다는 신앙가정도 있습니다.

또한 사도 바울과 디도의 관계처럼 혈육으로는 전혀 연관이 없으나 교회 안에서 연결된 영적인 부모와 자녀의 관계로 신앙을 전수하는 영적 신앙가정도 있고, 심지어 애굽 땅에 노예로 끌려가서 혼자 살고 있었으나 거기에서도 고향의 부모님과 가정을 기억하며 하나님과 동행하며 믿음의 삶을 살아간 1인 신앙가정도 있습니다.

이러한 관점에서 보면, 모든 가족이 기독교인이든지 아니면 자신만 홀로 신앙을 가지고 있든지, 가족이 함께 모여서 살고 있든지 아니면 혼자 떨어져 살고 있든지 하나님은 상황에 제한받지 않으시고 모든 가정 안에 주인이 되십니다. 이러한 고백 위에 믿음의 가정을 세워 가는 것은 하나님이 품으신 분명한 뜻이자 의지입니다.

가정예배는 거룩한 영적 미세조정의 현장이다

우주의 수많은 별들이 서로 충돌하지 않고 생명이 유지될 수 있는 것은 이른바 '우주의 미세조정'이 있기 때문이라고 합니다.[68] 마찬가지로 하나님이 친히 세우고 운행하시는 우리 가정이 그분이 주신 생명력으로 지속될 수 있도록 성경을 통해 다스리시는 '거룩한 영적 미세조정'의 현장이 바로 가정예배입니다.

최초의 가정이었던 아담의 가정이 풍성한 복을 받았으나 누리지 못하고 실낙원 하였던 이유는 선악과를 범했기 때문입니다. 선악과는 가정 안에서 기억하고 순종해야 했던 하나님의 말씀을 대변합니다. 오직 하나님 말씀만이 가정 안의 선한 것과 악한 것을 구별하는 유일한 다림줄이 되어야 했는데, 선악과 사건으로 그러지 못하게 되었습니다. 이러한 말씀의 선언은 우리 가정의 형편이 어떠하든, 우리 가정이 가정예배를 실질적으로 세우고 실천하고 있는지를 점검하는 중요한 성경적 근거가 됩니다.

가족이 모여 앉은 식탁에서든지, 이동하는 차 안에서든지, 함께 누운 침상에서든지, 함께 일어나는 이른 아침이든지 하나님을 기억하고 감사하는 사건이 가정 안에 세워져 있다면 하나님은 바로 그 가정을 거룩한 영적 미세조정으로 붙드시고 인도하시는 줄 믿습니다.

_____ 누구나 드릴 수 있는 가정예배의 모델

우리 집에서 드릴 수 있는 가정예배 모델을 몇 가지 제안해 보고자 합니다.

첫째, 가족이 함께 정기적으로 드릴 수 있는 대표적인 가정예배는 주일말씀 가정예배입니다. 가족이 한 집에 살고 있다면, 주일 오후나 저녁 식사 후에 모여서 아침 주일예배에서 들은 말씀으로 가정예배를 드릴 수 있습니다. 각자 주일 말씀을 들으며 발견한 하나님의 성품이나 언약을 서로 나누고, 나눈 믿음대로 역사하실 하나님을 신뢰하며 감사의 기도와 찬양을 드릴 수 있습니다. 만일 가족이 한 집에서 살고 있지 않다면, 다양한 온라인 플랫폼(줌, 페이스타임, 카카오톡 등)을 활용할 수 있습니다.

우리 가족은 주일마다 이 모델을 활용해 가정예배를 드리고 있습니다. 이 모델을 통하여 부모는 자녀가 부서에서 어떤 말씀을 들었는지 알 수 있고, 그 말씀에 대하여 어느 정도 신앙으로 해석하고 성장하고 있는지를 매주 확인할 수 있다는 장점이 있습니다.

둘째, 식탁머리 가정예배도 가능합니다. 말 그대로 가족이 함께 모이는 식탁을 가정예배의 자리로 활용하는 것입니다. 매일이 어렵다면 요일과 시간을 정해 하나님을 기억하고 감사하는 시간을 갖습니다. 식탁머리 가정예배는 식사의 자리이기에 가족 모두가 성경책을 들고 나와서 말씀을 읽기보다는 그날그날 읽을 수 있는 책상용 말씀 캘린더를 활용하는 게 좋습니다. 식탁머리 가정예배는 식사 전 가족이 모두 말씀 캘린더에 있는 성경 구절을 읽고, 가족 중에 한 명이 성경구절에 나타난 하나님의 성품이나 언약을 나누고 식사기도를 할 수 있습니다.

보다 풍성한 식탁머리 가정예배를 위해서는 요일별 중보기도 제목을 식탁 옆 벽이나 말씀 캘린더 옆에 적어 놓고 식탁머리 가정예배의 식기도 안에 포함하여 기도할 수 있습니다. 예를 들면, 월요일에는 자녀가 다니는 학교와 학원을 위해, 화요일은 부모님의 일터를 위해, 수요일은 열방의 선교지를 위해, 목요일은 재난과 전쟁 중에 있는 사람들을 위해, 금요일은 우리나라를 위해, 토요일은 믿음의 다음세대를 위해, 주일은 교회를 위해 기도할 수 있습니다. 특별히 국경일에는 부모가 그날의 역사적 배경을 간단히 설명해 주고 나라와 민족을 위한 기도를 식탁머리 가정예배 기도 시간에 추가할 수도 있습니다.

셋째, 자녀의 침상에서 침대머리 가정예배도 드릴 수 있습니다. 침대머리 가정예배는 자녀의 침대에 함께 눕거나 옆에 앉은 상태로 드릴 수 있습니다. 특히 자녀가 여러 가지 이유로 힘든 시기를 보낼 때 드릴 수 있는 가정예배입니다. 가능하면 눈이 피로하지 않은 낮은

조도의 전등 하나만 켜 놓고 드릴 때 좀 더 친절하고 집중력 있는 가정예배의 환경을 제공할 수 있습니다.

자녀가 누운 상태로 부모는 침대머리에 앉아서 오늘 하루 어떤 감사와 기도제목이 있는지 나눌 수 있습니다. 부모와 자녀가 각자 자신의 하루를 나누되, 부모는 자녀를 향하신 하나님의 마음을 주목하며 자녀의 나눔을 경청하고 공감하고 응원해 주어야 합니다. 필요에 따라 의도적으로라도 위로와 격려를 해주어야 합니다. 부모가 자녀를 위해 중보하며 떠오르게 하시거나 개인적으로 묵상한 말씀 등을 자녀에게 자연스럽게 들려줄 수 있습니다.

이스라엘 백성이 하나님의 도우심으로 살아 온 날들을 감사와 고백으로 올려 드리며, 은혜를 기억하는 에벤에셀의 예배를 드렸을 때(삼상 7:12), 하나님이 기뻐 받으시고 그들에게 복을 내리셨음을 우리는 기억합니다. 그날 이후 여호와의 손이 이스라엘을 블레셋으로부터 보호하시며, 세상에 빼앗겼던 땅들을 회복하게 하셨습니다. 하늘로부터 여호와의 평화가 그들에게 임하였습니다(삼상 7:13-14).

가정예배야말로 가족이 모여 하나님이 오늘 혹은 이번 한주간 우리를 여기까지 도우셨다 고백하는 은혜의 자리입니다. 우리 가정 안에 정기적으로 열두 돌(수 4장)이 세워지는 자리입니다. 예배하는 가정마다 하나님이 성경에서 언약하신 보호와 회복, 평강을 넘치게 부어 주실 것입니다.

마음에 새기는 한 문장 ✏️

✱ 지속 가능한 가정예배의 원리는 '모델은 다양하게!' '사건은 선명히'입니다.

따라쓰기

____

____

____

✱ 가족이 모여 하나님을 기억하고 감사할 때, 하나님은 말씀을 통해 보이신

대로 그 가정을 보호하고 회복하시며 평강을 주십니다.

따라쓰기

____

____

____

믿음의 부모에게 드리는 질문

• 다양한 가정예배 모델 중에서 우리 집에 가장 적합한 가정예배 모델은 무

엇이며, 이를 위해 부모로서 무엇을 준비할 수 있을까요?

식탁에서든지,
이동하는 차 안에서든지,
함께 일어나는 이른 아침이든지
하나님을 기억하고 감사하는 사건이
가정 안에 세워져 있다면
하나님은 거룩한 영적 미세조정으로
가정을 붙드시고 인도하십니다.

자녀의 질문에
믿음으로 답하다

part 4

[신정론]
선하신 하나님이
왜 악을 두고 보시나요?

////////////////////

"이 묵시는 정한 때가 있나니 그 종말이 속히 이르겠고
결코 거짓되지 아니하리라 비록 더딜지라도 기다리라
지체되지 않고 반드시 응하리라"(합 2:3).

자녀들이 성장하면서 하나님과 세상에 대하여 질문하는 것은 매우 자연스러운 신앙 성장의 여정입니다. 풀러신학교 산하 청소년사역연구소의 카라 파월 교수는 믿음의 자녀가 하나님에 대하여 의심하며 질문하는 것은 믿음이 흔들려서가 아니라 믿음이 자라고 싶다는 표현으로 해석해야 한다고 강조합니다.[69] 특히 청소년에게 믿음에 대한 침묵(silence)은 신앙성장의 독소(toxic)이며, 질문과 의심은 성장의 단계가 될 수 있습니다. 부모로서 신앙에 대한 자녀의 질문에 어떻게 답해 주고 있습니까? 자녀와 어떻게 소통하며 양육할지 지혜를 나누고자 합니다.

___믿는 자가 고난을 당하는 이유에 대하여

부모가 자녀로부터 듣는 첫 번째 질문은 신정론(theodicy)에 관해서일 확률이 높습니다. 신정론은 '하나님'을 의미하는 단어 '테오스'(θεός)와 '정의'를 의미하는 단어 '디케'(δίκη)가 합쳐진 단어로서, 전능하고 선하신 하나님이 어떻게 악의 존재를 인간의 삶에 허락하시는지에 대한 논의입니다. 사실 신정론에 관한 성경적 논의는 시편의 많은 신정론적 질문과 기도들(시 10편, 22편, 25편, 37편, 49편, 73편,

105편), 욥의 질문들(욥 3장, 10장), 예레미야의 탄식(렘 12장), 하박국의 절규(합 1장, 2장), 아모스의 권고(암 5장) 등 많은 곳에서 다루었던 주제입니다. 교회사를 통하여도 이레네우스(Irenaeus of Lyons), 성 어거스틴을 비롯한 초대교회의 교부들로부터 시작하여 종교개혁 시대의 마르틴 루터와 장 칼뱅, 청교도 시대의 윌리엄 퍼킨스(William Perkins)와 존 오엔(John Owen), 현대교회의 칼 바르트(Karl Barth)와 위르겐 몰트만(Jürgen Moltmann)에 이르기까지 많은 신학자가 다루었던 매우 중요한 내용입니다.

신정론에 관한 논의는 신학교 강의실에서 다루어지던 교리적 논쟁을 넘어, 이제는 믿음의 가정에서 자녀가 던지는 질문이 되었고, 더 이상 이론이 아니라 반드시 응답해야 할 실존의 문제가 되었습니다. 그렇다면 부모는 이러한 질문에 어떻게 답하며 자녀를 양육할 수 있을까요?

우리는 개혁신학적인 관점에서 신정론에 관해 논의한 여러 문헌들을 통하여 대표적으로 네 가지 정도의 관점에서 조망할 수 있습니다.[70] 마치 여섯 개의 정사각형 면으로 이루어진 큐브는 한 방향에서는 최대 세 면까지만 보이지만, 여러 방향에서 바라보면 미처 보지 못했던 면들을 볼 수 있는 것처럼, 신정론은 한 가지 관점으로는 다 이해할 수 없으나 성경 말씀을 근거로 한 관점으로는 조금 더 온전한 진리에 가까워지는 지혜를 얻을 수 있습니다.

첫 번째 신정론에 관한 관점은 하나님의 '허용'과 더 큰 은혜의 통로로의 '고난'입니다. 요셉이 하나님 앞에서 죄를 범하지 않으려고 보디발 아내의 유혹을 뿌리쳤을 때, 그는 도리어 감옥에 갇히고 말았습니다. 이러한 요셉의 현실에 대해 성경은 "곧 여호와의 말씀이 응할 때까지라 그의 말씀이 그를 단련하였도다 왕이 사람을 보내어 그를 석방함이여 뭇 백성의 통치자가 그를 자유롭게 하였도다"(시 105:19-20)라고 기록합니다. 한마디로 하나님이 요셉의 인생에 고난을 허용하심으로 그를 연단하시고, 마침내 애굽 총리로 세우셨습니다. 우리는 이 관점을 통하여 하나님의 신실하심을 발견합니다.

두 번째 신정론에 관한 관점은 하나님의 '허용'과 인간의 '자유의지'입니다. 선악과 사건에서 하나님은 아담의 죄를 막을 능력이 없어서 그가 선악과를 따먹도록 두신 것이 아닙니다. 하나님은 아담에게 자유의지를 주셔서 그의 죄를 허용하셨습니다. 인간을 향한 하나님의 인격적인 사랑법은 자유가 없는 굴종이 아닙니다. 그래서 자유 안에서의 인격적 선택이 반드시 필요했던 것입니다. 이러한 인격적 사랑의 초대 앞에 선악과를 따먹는 죄를 저지른 것이 인간의 현실이며, 하나님은 이러한 인간을 구원하시기 위해 독생자 예수님을 대속물로 내주셨습니다. 십자가에서 보이신 무조건적인 사랑, 아가페의 사랑이 인간의 자유의지와 고통에 대한 하나님의 선하심의 증거가 됩니다. 이 관점을 통하여 우리는 하나님의 완전한 사랑을 발견합니다.

　세 번째 신정론에 관한 관점은 '이해할 수 없는' 고난의 원인과 '측량할 수 없는' 하나님의 광대하심입니다. 인과응보적 관점에서는 설명할 수 없는 욥의 고난 앞에 하나님이 내어놓으신 대안은 설명이 아니라 선포였습니다. 욥은 물론이고 욥과 함께 수일을 울었던 친구들은 욥이 당한 고난의 이유가 무엇인지 오랫동안 논쟁하였습니다. 그러던 중에 하나님은 그들의 논쟁 안으로 들어오셔서 질문을 바꾸십니다. "욥이 '왜'(why) 고난당하였는가"에서 "욥에게 고난을 주신 하나님은 '누구'(who)이신가"로 바꾸셨습니다.

　하나님은 창조주이자 우주 만물의 통치자로서 그분의 광대하심을 욥에게 드러내셨습니다. 욥은 현재 자신이 경험하는 고난에 대한 무지와 교만과 의로움에 대한 집착을 내려놓고 하나님의 절대 주권을 인정하게 됩니다. 고난이 큰 만큼 하나님이 자기 삶에 계시지 않았다고 단정했었는데, 고난의 크기만큼 하나님이 자신의 삶을 더욱 붙들고 계셨다는 사실을 깨닫게 된 것입니다. 그래서 욥은 이렇게 고백합니다.

"무지한 말로 이치를 가리는 자가 누구니이까… 내가 주께 대하여 귀로 듣기만 하였사오나 이제는 눈으로 주를 뵈옵나이다 그러므로 내가… 회개하나이다"(욥 42:3-6).

이 관점을 통하여 욥은 하나님의 광대하심을 발견합니다.

네 번째 신정론에 관한 관점은 악인의 '형통'과 의인의 '고난'에 대한 종말론적 진리입니다. 하박국은 이방 나라 바벨론의 악행과 교만 앞에서 하나님의 공의를 지키려 노력하는 하나님 백성의 삶을 바라보았습니다. 그리고 "어찌하여 거짓된 자들을 방관하시며 악인이 자기보다 의로운 사람을 삼키는데도 잠잠하시나이까"(합 1:13)라고 탄식하며 질문했습니다. 이러한 물음 앞에 하나님이 그 역사의 끝을 정의로 붙들고 계시며 아직 결론이 나지 않았다는 응답을 주셨습니다. 비록 현재 하나님 백성이 경험하는 현실은 모순처럼 보일지라도, 정한 때가 오면 마침내 진짜 하나님의 완전한 정의가 드러난다는 것입니다.

"이 묵시는 정한 때가 있나니 그 종말이 속히 이르겠고 결코 거짓되지 아니하리라… 반드시 응하리라"(합 2:3).

여기에서 "정한 때"를 의미하는 히브리어 '모에드'(מוֹעֵד)는 '절기' '성회'를 나타내는 단어로서, 마치 지금은 무더운 여름일지라도 반드시 겨울의 때가 온다고 믿는 것입니다. 그러기에 하박국은 이러한 하나님의 말씀 앞에 드디어 "의인은 그의 믿음으로 말미암아 살리라"(합 2:4)고 선언합니다. 비록 현실은 고난과 모순으로 가득할지라도, 세상보다 크신 하나님이 여전히 선하시다고 믿는 이들에게는 하나님의 때에 하나님의 구원이 반드시 임한다는 사실을 선포한 것입니다.

아들이 초등학생 때 여름이 지날 무렵이 되면 꼭 내게 와서 묻던 것이 있습니다.

"아빠, 이번 10월 아빠 생일선물로 뭐 사드릴까요?"

나는 아직 한참 남은 아빠의 생일을 챙기는 아들이 기특해서 늘 감사와 고마움을 표현합니다. 아들은 저녁이 되면 내게 다시 묻습니다.

"아빠, 이번 크리스마스 선물은 뭐 사줄 거예요?"

이쯤 되면 아들이 내게 생일선물을 물었던 이유를 확실히 알게 됩니다. 그렇다고 핀잔하지 않습니다. 나는 이번에도 아들의 질문에 기쁜 마음으로 어떤 선물을 사줄지 행복하게 이야기합니다. 그러고 나면 아들은 선물을 아직 받지 않았지만, 마치 그 선물을 받기라도 한 것처럼 기뻐합니다. 선물을 받는 순간에만 기뻐하는 것이 아닙니다. 아직 현실은 바뀐 게 없지만, 선물을 받는 날이 반드시 올 것을 분명히 믿기에 지금부터 이미 받은 것같이 기뻐하는 것입니다.

저는 이러한 아들의 모습이 하나님의 정의로우심을 믿는 그분의 백성이 갖추어야 할 삶의 방식이라고 생각합니다. 비록 현실은 여전히 악인이 득세하고 의인이 손해 보는 것처럼 보이지만, 삶을 주관하시는 하나님이 정한 때가 있으며, 하나님이 승리와 정의를 나타내겠다고 언약하셨음을 정말 믿으면, 마치 지금 그 일이 일어난 것처럼 미리 기뻐하고 감사하고 누릴 수 있습니다.

이러한 관점에서 신정론을 둘러싼 다양한 질문과 논의의 궁극적인 답은 다름 아닌 예수 그리스도이십니다. 예수님이 마주하신 현실은 십자가의 고통과 죽음이었습니다. 그러나 예수님은 이 고난이 여기서 끝이 아니며 반드시 하나님의 선하심과 구원하심이 드러날 것을 신뢰하셨습니다. 그리고 마침내 십자가에서의 죽음과 부활을 이루심으로, 십자가를 불의한 인간의 죄를 능히 이기신 하나님의 완전한 승리와 생명의 현장이 되게 하셨습니다.

예수님은 인간의 죄악이 사라졌을 때 하나님의 선하심을 이루신 것이 아닙니다. 인간의 악이 현존하는 한복판에 임하셔서 죄악을 능히 다스리고 대속하시는 하나님의 완전한 정의와 구원을 이루어 내셨습니다. 이러한 예수님이 궁극적 답이 되시는 신정론을 믿음의 부모가 자녀에게 전할 때, 여전히 눈에 보이는 세상은 불의가 득세하는 것처럼 보일지라도 하나님의 더 크신 사랑과 정의를 함께 소망하고 신뢰하며 살아갈 힘을 얻게 될 것입니다.

마음에 새기는 한 문장 ✏️

✱ 성경은 신정론을 고난을 통한 은혜, 자유의지와 사랑, 하나님의 광대하심, 종말론적 진리로 조망합니다.

따라쓰기

✱ 믿음의 부모는 십자가와 부활로 악을 이기신 예수 그리스도가 궁극적 답임을 자녀에게 전할 수 있습니다.

따라쓰기

믿음의 부모에게 드리는 질문

• 나는 부모로서 자녀가 '선하신 하나님이 어떻게 불의한 세상을 그냥 두실 수 있습니까?'라고 질문한다면 어떻게 답해 줄 수 있을까요? 예수 그리스도를 궁극적 답으로 안내할 수 있나요?

예수님이

궁극적 답이 되시는 신정론을

믿음의 부모가

자녀에게 전할 때,

세상은 불의가

득세하는 것처럼 보일지라도

하나님의 더 크신 사랑과 정의를

함께 소망하고 신뢰하며

살아갈 힘을 얻게 됩니다.

[창조론]
성경은 왜 과학적이지 않나요?

"믿음으로 모든 세계가 하나님의 말씀으로
지어진 줄을 우리가 아나니 보이는 것은
나타난 것으로 말미암아 된 것이 아니니라"(히 11:3).

자녀가 십대가 되면서 많은 믿음의 부모들이 마주하는 당황스러운 현실이 있습니다. 자녀들이 창조론과 진화론 중 무엇이 맞는지를 물어보는 것입니다. 하나님이 말씀으로 사람과 온 세상을 창조하셨다고 고백하던 자녀의 입에서 창조론은 이스라엘의 신화일 뿐이고, 인간은 자연 선택을 거쳐서 진화되어 지금 존재하는 것이라고 도리어 부모를 설득합니다. 이러한 현실에서 부모는 어떻게 자녀에게 하나님의 창조에 대하여 합당한 교육을 할 수 있을까요?

기독교 세계관으로 창조와 진화를 바라보라

창조와 진화에 대한 논쟁이 본격적으로 시작된 것은 1859년 찰스 다윈이 자연선택에 의한 진화를 주장한 《종의 기원》이 발표되면서부터입니다.[71] 그 후 불과 1년 만인 1860년에 이른바 '옥스퍼드 공개 토론'이 열렸고, 그때부터 창조와 진화에 대한 치열한 논쟁이 지금까지 진행되고 있습니다. 미국에서는 20세기 초중반에 여러 주에서 창조론과 진화론을 공교육에서 어떻게 다룰 것인가에 대한 논쟁이 벌어졌고, 결국 법정으로까지 갔습니다. 이를 다루었던 연방대법원의 판결들 역시 여러 번의 번복을 거치며 논쟁이 멈추지 않았습니다.[72]

창조와 진화에 대한 현재 논쟁은 주로 '단세포에서 고등생물'로의 생물진화와 '무생물에서 생명'으로의 화학진화를 중심으로 전개되며, 젊은 지구론, 오랜 지구론, 간격 이론, 날-시대 이론, 지적 설계론, 유신 진화론 등 다양한 관점들 속에서 다뤄지고 있습니다.[73] 그러나 부모가 자녀와 대화할 때 이러한 입장들을 모두 이해하고 설명하며 양육하는 것은 현실적으로 쉽지 않습니다. 따라서 창조와 진화에 대한 보다 성경적인 신앙 교육 접근을 두 가지로 제시하고자 합니다.

창조와 진화에 대한 부모 교육의 첫 번째 접근은 기독교 세계관적 접근입니다. 세계관은 '세상을 보는 관점'이라는 학술용어입니다. 아브라함 카이퍼(Abraham Kuyper)는 기독교 세계관을 "기독교적 안경을 통해 세상을 보고, 삶의 전 영역에서 하나님 나라를 살아가는 인식 틀"이라고 했습니다.[74]

기독교 세계관은 인간과 세상에 대하여 우연과 진화의 산물이 아니라 하나님의 형상을 따라 만들어진 인간과, 그의 손으로 지어진 세상으로 이해합니다. 인간은 하나님의 형상을 따라 목적을 갖고 만들어졌고, 세상에 하나님 나라를 이루어 갑니다. 그러기에 인간은 적자생존의 경쟁과 문화의 생존자가 아니라, 받은 소명을 통해 하나님의 지속적인 창조 사역에 동참하는 그분의 자녀입니다. 인간은 하나님이 운행하시는 우주와 세상의 역사 중에 일부 내용을 과학이라는 이름으로 발견하고 설명도 하지만, 인간이 어디에서 왔으며, 죽음 이후에 어디로 갈 것인가에 대하여는 조금도 설명할 수 없습니다.

과학적 세계관은 세상을 '과학과 비과학'으로 구분하기에 과학으로 설명할 수 없는 영역은 우연이나 운명으로 이해할 수밖에 없습니다. 그러나 기독교적 세계관은 세상을 '과학과 초과학'으로 이해하며, 과학과 초과학의 모든 영역을 하나님이 통치하시는 세상으로 봅니다. 그러기에 기독교적 세계관은 중력과 물리법칙처럼 인간의 경험과 지혜로 예측 가능하고 측정 가능한 과학의 영역도 세상을 운행하시는 하나님 통치의 현실이듯, 인간의 생각과 수준으로는 이해할 수 없는 생명의 탄생과 기적과 같은 초과학의 영역도 하나님이 여전히 다스리시는 하나님 나라의 현실이라고 이해합니다.

작은 그릇에 큰 물건이 들어갈 수 없는 것이 상식이듯, 인간의 작은 지식과 경험으로는 하나님의 크신 창조와 기적을 모두 담아낼 수 없습니다. 이것이 가능하려면 마땅히 작은 그릇이 깨져야 합니다. 그래서 성경은 하나님이 행하신 창조의 사건을 설명하지 않고 선포하는 것입니다. 기독교 변증가 C. S. 루이스(C. S. Lewis)는 《영광의 무게》라는 책에서 "저는 태양이 떠오른 것을 믿듯 기독교를 믿습니다. 그것을 보기 때문이 아니라 그것에 의해서 다른 모든 것을 보기 때문입니다"라고 선언했습니다.[75]

사실 우리 대부분은 어떤 과학적 원리로 지구 반대편에서 보낸 이메일이 거의 동시에 내 핸드폰에 나타나는지, 어떤 원리로 생성형 AI가 작동하기에 내 질문에 바로바로 답하는지, 어떤 과학적 법칙이 적용되어서 온라인 게임이 이렇듯 실재감 있게 작동하여 재미를 주는지 다 이해하지 못합니다. 하지만, 누구도 자신이 과학적으로 이해하지 못한다고 해서 사용하지 않겠다고 답하지는 않습니다. 이해해서 믿는 것이 아니라, 믿어서 오늘도 누리며 살아가고 있는 것입니다.

창조와 진화의 논쟁을 기독교 세계관으로 이해하는 것도 이러한 관점입니다. 과학으로 창조를 다 설명하려는 것은 그 자체로 불가능한 시도입니다. 이는 마치 현미경으로 은하수를 관측하며 '별이 보이지 않는다'고 말하는 것과 같은 이치입니다. 별이 없는 게 아니라 현미경이 우주의 규모를 담지 못한다고 이해하는 것이 맞습니다. 창조와 과학의 관계 역시 인간의 경험과 지혜로 이해하거나 측정할 수 있는 과학이라는 현미경으로는 결코 담아낼 수 없습니다. 하나님의 초과학적 창조와 운행은 인간의 지식과 수준보다 능히 높고 크기 때문입니다.

참으로 감사하게도, 하나님은 초과학을 다스리시는 하나님의 위대하심과 광대하심을 알 수 있는 계시의 통로를 주셨습니다. 그 하나는 말할 것도 없이 하나님의 말씀이며, 다른 하나는 그 말씀대로 통치받으며 살아가는 하나님 백성의 삶입니다. 그래서 하나님의 통치를 믿고 살아가는 하나님 백성의 삶에는 과학으로는 설명할 수 없는 삶의 기적과 간증이 멈추지 않고 일어나고 있습니다.

이러한 관점에서 부모세대가 삶 속에서 경험한 하나님의 역사에 대한 간증은, 자녀와 창조와 진화라는 주제를 나눌 때 활용할 수 있는 매우 강력한 기독교 세계관적 양육의 통로이자 내용입니다. 믿음의 부모는 지금까지 하나님의 은혜로 살아온 삶을 과학으로는 모두 설명할 수 없을지라도, 간증으로는 분명히 증언할 수 있습니다.

창조와 진화에 대한 두 번째 접근은 현대과학이 발견한 놀라운 생명의 신비에 관한 접근입니다. 최근 의학 및 과학학술지에 실린 연구 결과들은 진화와 과학으로는 다 설명할 수 없는 신비로운 생명의 현상에 대하여 말합니다. 생명은 우리 몸에서부터 시작하여 광대한 우주에서도 매일 일어나고 있다는 것입니다.[76]

한 사람 몸 안에 있는 혈관을 모두 하나로 연결하면 지구 두 바퀴 반을 도는 거리인 약 10만 킬로미터 정도의 길이가 되며, 피 안에 있는 적혈구는 1분이 채 되지 않아 인간 몸을 빠르게 순환합니다. 인간의 뇌는 약 860억~1,000억 개의 신경 세포인 뉴런으로 만들어져 있으며, 인간의 위벽에 있는 세포는 1분마다 죽고 생성되는데, 그 수가 수백만 개에 이른다고 합니다. 한 사람이 다른 사람과 지문이 같을 가능성은 불가능에 가깝습니다.

아울러 EBS에서 제작한 "사이언스, 우주의 끝은 어디일까?"에 따르면, 우주는 1초에 지구를 7.5바퀴 도는 빛의 속도로 930억 년을 가야만 도달하는 광대한 크기입니다. 지구가 속해 있는 우리 은하에는 약 1,000억~4,000억 개의 별이 있고, 이런 은하가 관측 가능한 우주에만 최소 1000억 개 이상 있습니다.[77] 그리고 이러한 우주 안에 생명이 존재하고 유지하기 위해서 여러 물리학의 기본상수들이 매우 좁은 범위 내에 존재해야 하는 '우주의 미세조정'(Fine-tuned Universe)이 반드시 있어야 하는데, 이 우주의 미세조정이 우연히 발생할 가능성을 2020년 노벨물리학상을 수상한 영국 옥스퍼드대학교 수학 연구소 명예교수인 로저 펜로즈(Roger Penrose)는 10의 10^{123} 제곱분의 1로 발표하였습니다.[78] 이는 통상적인 우연이나 난수 개념을 완전히 넘어서는 사실상 우연으로 설명하기 어려운 수치입니다.

많은 과학자는 이러한 우주의 기본 상수가 조금만 달라도 우리가 살아가는 지구는 물론이고 우주의 별도, 원자도, 생명도 안정적이고 지속적으로 유지하기 어려운 상황이 전개될 것이라고 말하고 있습니다.[79] 한마디로, 과학은 인간과 우주 안에 일어나는 현상을 관찰하고 설명할 수는 있으나, 신비로밖에 설명할 수 없는 영역이 반드시 발생합니다.

믿음의 부모는 자녀들에게 성경과 기독교 신앙을 근거로 창조와 생명은 우연한 진화의 산물이 아니라, 오직 창조주 하나님의 지혜와 섭리 안에서 주어지고 인도되는 여정임을 알려 주어야 합니다. 첫째, 모든 것이 하나님의 주권적 섭리 안에서 지어졌고 운행되고 있습니다.

"이는 만물이 주에게서 나오고 주로 말미암고 주에게로 돌아감이라…"(롬 11:36).

둘째, 과학이 관찰하고 있는 우주의 질서와 법칙은 하나님의 지혜와 영광을 드러내는 증거입니다.

"하늘이 하나님의 영광을 선포하고 궁창이 그의 손으로 하신 일을 나타내는도다"(시 19:1).

셋째, 인간을 만드신 목적은 하나님과 영원히 교제하고, 그분의 영광을 위해 살아가도록 하기 위해서입니다.

"이 백성은 내가 나를 위하여 지었나니 나를 찬송하게 하려 함이니라"(사 43:21).

마지막으로, 인간의 학문으로는 증명할 수 없는 창조와 생명의 신비는 우리를 하나님의 광대하심과 회복하심으로 인도하는 거룩한 초대이며 은혜입니다.

"보좌에 앉으신 이가 이르시되 보라 내가 만물을 새롭게 하노라 하시고 또 이르시되 이 말은 신실하고 참되니 기록하라 하시고 또 내게 말씀하시되 이루었도다 나는 알파와 오메가요 처음과 마지막이라…"(계 21:5-6).

마음에 새기는 한 문장 🖊

✳ 자녀가 창조와 진화를 질문할 때, 부모는 기독교 세계관으로 안내해야 합니다. 부모는 과학으로 설명할 수 없는 간증을 통해 초과학을 통치하시는 하나님을 증언할 수 있습니다.

따라쓰기

....

....

....

✳ 과학은 생명의 시작과 목적은 말하지 못합니다. 성경만이 창조와 생명이 하나님의 주권적 섭리 안에서 지어졌고 하나님 영광을 위해 존재한다는 진리를 선언합니다.

따라쓰기

....

....

....

믿음의 부모에게 드리는 질문

• 만일 자녀가 '창조는 신화이고 진화가 과학적 사실 아니냐'고 질문한다면, 나는 부모로서 어떻게 하나님의 창조를 자녀에게 증언할 수 있을까요?

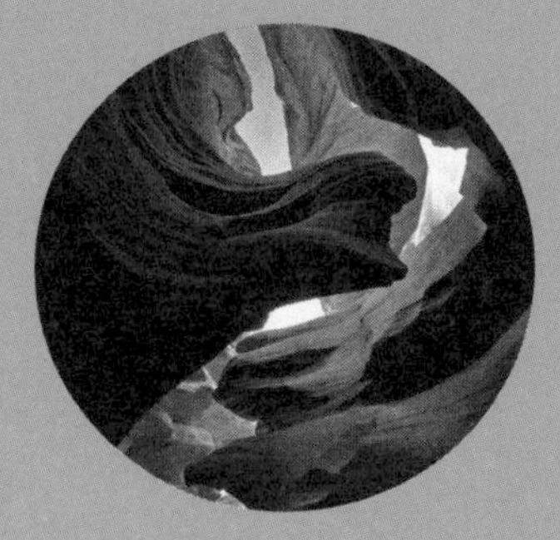

창조와 생명은
우연한 진화의 산물이 아니라,
오직 창조주 하나님의
지혜와 섭리 안에서
주어지고 인도되는 여정임을
알려 주어야 합니다.

[학업과 신앙]
왜 공부를 열심히 해야 하나요?

///////////////////////

"여호와를 경외하는 것이 지혜의 근본이요
거룩하신 자를 아는 것이 명철이니라"(잠 9:10).

부모와 자녀가 나누는 중요한 대화 중 하나가 공부입니다. 특히 자녀가 십대가 되면서 본격적으로 경쟁과 성취가 삶의 중요한 사건이 되곤 합니다. 자녀의 학습을 돕고 곁에서 지원하는 일은 모든 부모에게 매우 중요한 삶의 과제이자 소중한 책임입니다. 그런데 어려서부터 신앙이 최우선이라고 들어 왔던 자녀들이 '왜 공부를 열심히 해야 하는지'에 대하여 물으면 어떻게 가르쳐야 할지 난감합니다. 우리는 성경의 기준으로 안내해야 합니다. 성경은 신앙과 학업의 관계를 어떻게 말하고 있을까요? 이 질문에 대하여 성경은 세 가지의 관점을 분명히 선언하고 있습니다.

____ 공부를 통해 하나님의 뜻과 나를 향한 비전을 알아 간다

첫째, 공부는 근본적으로 하나님이 지으신 창조세계인 세상과 창조물인 인간 자신을 알아 가는 과정입니다. 우리는 수학을 통해 하나님의 창조 질서와 구조, 패턴과 관계, 논리와 추론을 배웁니다. 또한 과학을 통해 우주와 자연을 운행하시는 원리와 상호연결성을 배웁니다. 경제를 통해 우리는 인류가 살아가는 세상에 하나님이 주신 다양한 자원들을 합당하게 배분하고 관리하는 법을 배우고, 예술을 통

해 하나님이 만드신 세상의 아름다움과 신비를 배웁니다. 국어와 문학을 통해서는 하나님 형상대로 지음받은 인간의 생각과 감정, 관계와 역사 속 이야기를 언어로 표현하고 이해하는 법을 배웁니다.

성경은 "여호와를 경외하는 것이 지혜의 근본이요"(잠 9:10)라고 선언합니다. 역사적으로 보아도 11~12세기부터 시작된 볼로냐대학이나 파리대학과 같은 유럽대학의 시작도 하나님과 하나님의 창조물인 세상과 사람을 더 연구하려는 걸음에서 비롯되었습니다. 한마디로, 학업은 하나님과 하나님이 만드신 사람과 세상, 그리고 하나님이 지금도 일하시는 섭리를 배워 가는 과정입니다. 그러기에, 자녀들이 공부하는 모든 교과는 각각의 방식으로 하나님의 창조와 섭리를 배워가는 과정입니다. 신앙과 학업은 결코 분리할 수 없습니다.

둘째, 공부는 인간을 만드신 하나님의 최종 목적인 하나님께 영광을 돌리기 위한 우선적 사명을 준비하는 과정입니다. 공부는 단순히 성적을 잘 내어서 자녀의 경쟁력과 효능감을 증명하는 과정이 아닙니다. 그보다 더 본질적인 목적은, 하나님이 주신 사명의 핵심인 '하나님 사랑과 이웃 사랑'을 실천할 수 있도록 자녀의 은사와 역량을 정성껏 길러 내는 데 있습니다. 예배의 본질을 '하나님의 은혜에 대한 인간의 응답'으로 정의할 때, 공부의 자리는 단순히 성적을 내는 곳을 넘어섭니다. 그곳은 십자가의 은혜로 구원받은 자가 세상을 섬길 역량 있는 사명자로 빚어지는 구체적인 응답의 현장입니다. 그렇다면 공부는 자녀세대가 매일 살아 있는, 너무나 분명한 예배의 현장이 됩니다.

이러한 관점에서 하나님이 주신 비전을 가슴에 품고 오늘도 성실히 공부하며, 하나님의 지혜와 인도하심을 구하고, 최선을 다해 성실과 정직과 소망을 가지고 살아가는 하루는 하나님께 순종하는 삶의 자리이며, 장차 하나님 나라를 위해 쓰임 받기 위한 믿음의 훈련장입니다. 그러기에 다니엘서는 다니엘이 "그 지혜와 총명이 온 나라 박수와 술객보다 십 배나 나은 줄을 아니라"(단 1:20)라고 증언하기에 앞서서, "다니엘은 뜻을 정하여 왕의 음식과 그가 마시는 포도주로 자기를 더럽히지 아니하리라"(단 1:8)고 기록했습니다.

____ 배움과 성장은 부르심에 대한 순종이자 믿음의 표현이다

셋째, 하나님의 역사를 위해 부름받은 자들은 믿음 위에 실력을 갖추는 여정을 걸어왔습니다. 하나님은 실력 갖춘 자만을 부르신 것이 아닙니다. 다만 부름받은 자들은 맡은 사명을 감당하기 위해 사명에 필요한 실력을 성실히 채워 갔습니다. 교회에서 종종 마주치는 신앙과 공부에 관한 오해가 있습니다. 믿음이 좋으면 하나님이 능력과 성적도 자동으로 채워 주실 것이라는 착각입니다. 그러나 성경은 신앙이 실력을 자동으로 보장한다고 말하지 않습니다. 참된 신앙인은 사명에 대한 뜨거운 열정과 성실로 삶을 채우는 사람입니다. 성경은 이들이 하나님의 지혜와 확신을 공급받아, 그분과 동행하며 끊임없이 성장해 가는 존재라고 증언합니다.

성경은 하나님이 세상 속에서 하나님 나라를 세워 가실 때, 단지 믿음만이 아니라 그 믿음 위에 준비된 실력까지 갖춘 사람들을 통해 일하신다는 사실을 여러 인물을 통해 보여 줍니다. 다니엘과 모세, 다윗과 에스라는 모두 깊은 경건과 더불어 시대가 요구하는 지식과 능력을 갈고닦은 사람들입니다. 이들은 처음부터 모든 걸 갖춘 사람이 아니었습니다. 그들은 하나님이 주신 소명을 확신하며 그 사명을 감당하기 위해 필요한 지혜와 은혜를 구하고 성실함으로 꾸준히 노력하며 자라 갔습니다.

베드로를 비롯한 제자들도 처음 예수님의 부름을 받을 때에는 세상적인 실력과 역량을 갖춘 자들이 아니었지만, 예수님의 십자가 은혜를 통한 분명한 부르심을 확인한 뒤로는 그들에게 맡겨진 복음 사역을 감당하기에 합당한 성실과 지혜, 실력과 인격을 갖추어 갔습니다. 이에 대하여 사도행전 4장 13절은 "그들이 베드로와 요한이 담대하게 말함을 보고 그들을 본래 학문 없는 범인으로 알았다가 이상히 여기며 또 전에 예수와 함께 있던 줄도 알고"라고 기록합니다.

또한, 성경은 이스라엘과 블레셋의 전투에서 철기 무기를 들고 나오는 블레셋과 철공조차 없었던 이스라엘의 상황을 주목하시는 하나님의 관점을 기록하고 있습니다(삼상 13:19). 전쟁터에서는 그 군대의 무기가 철기인지 청동기인지가 매우 중요했습니다. 블레셋 군대는 철기로 만든 날카로운 무기를 들고 나아왔지만 이스라엘 군대에 철기 무기가 준비된 사람은 요나단밖에 없었습니다.

"싸우는 날에 사울과 요나단과 함께 한 백성의 손에는 칼이나 창이 없고 오직 사울과 그의 아들 요나단에게만 있었더라”(삼상 13:22).

이렇듯 철기로 준비된 요나단 한 사람의 심령 위에 “여호와의 구원은 사람이 많고 적음에 달리지 아니하였느니라”(삼상 14:6)는 믿음의 선언이 얹어지자 하나님은 바로 그를 통하여 블레셋과의 전쟁을 승리로 이끄셨습니다.

물론 성경은 우리에게 높아지려 하지 말고 낮아지라고 분명히 가르치지만, 그 ‘낮아짐’은 실력을 포기하라는 말이 아닙니다. 마음과 태도의 겸손을 요구하는 말씀입니다. 실제로 하나님은 성막을 지을 때 솜씨가 뛰어난 장인들을 지명해 부르셨고, 찬양을 부를 때에도 공교히(skillfully) 부를 것을 명령하셨습니다. 그러므로 공부해야 할 시기의 자녀가 아무런 이유 없이 학업을 중단한 채 머무르도록 놔두는 것은 넓은 마음의 부모가 되는 것이 아니라, 오히려 하나님이 맡기신 자녀를 방치하는 부모가 될 수 있습니다.

이렇듯 하나님의 자녀에게 배움과 실력의 성장은 세상적 욕심이 아니라 하나님의 부르심에 대한 순종이자 믿음의 표현입니다. 이렇게 길러진 역량과 실력은 자신을 드러내기 위함이 아니라 하나님 나라와 이웃을 섬기기 위한 거룩한 사명 수행의 도구입니다.

✷ 하나님은 인간의 능력을 기준으로 사명자를 부르지 않으시지만, 부름받은 자들은 하나님이 주신 은사와 부르심에 따라 사명을 감당할 실력을 성실히 채워 갔습니다.

따라쓰기

....

....

....

✷ 사명을 품고 자라는 하나님의 자녀에게 배움의 과정은 자신을 드러내는 도구가 아니라, 하나님의 부르심에 대한 순종이자 하나님 나라를 세워 가는 여정입니다.

따라쓰기

....

....

....

믿음의 부모에게 드리는 질문

• 자녀가 "왜 공부해야 해요?"라고 물을 때, 공부가 나를 드러내기 위한 도구가 아니라 하나님이 주신 사명을 준비하는 길임을 전해 주고 있습니까? 그리고 오늘, 자녀는 그 마음으로 공부하고 있나요?

공부는 단순히 성적을 잘 내어서
자녀의 경쟁력과 효능감을
증명하는 과정이 아닙니다.
하나님이 주신 사명의 핵심인
'하나님 사랑과 이웃 사랑'을
실천할 수 있도록
자녀의 은사와 역량을
정성껏 길러 내는 데 있습니다.

28일

[진로와 신앙]
나를 향한 하나님의 소명을
어떻게 분별하나요?

/////////////////////

"여호와께서 사람의 걸음을 정하시고
그의 길을 기뻐하시나니"(시 37:23).

마치 정원사가 계절을 따라 주목하는 것이 달라지듯, 부모도 때마다 자녀를 위한 기도제목이 바뀌어 갑니다. 자녀가 미취학기일 때는 건강과 신앙 및 기본 생활 습관에, 학령기일 때는 신앙과 기초 학업 능력과 성장에, 청소년기일 때는 자녀의 정체성과 진로와 인격적 신앙에 더 깊이 마음을 쏟게 됩니다. 그중에서도 믿음의 부모가 미성년의 자녀를 양육하며 가장 많이 하는 기도는 '진로'입니다. 자녀의 진로를 향한 부모의 간절한 기도는, 마침내 자녀의 구체적인 삶 속에서 풍성한 열매로 맺어질 것입니다. 그러기에 믿음의 부모는 성장하는 자녀의 진로를 어떻게 하나님의 뜻 안에서 분별하고 이끌어 줄 수 있을지 고민합니다.

____ 하나님이 자녀의 인생을 통해 무엇을 이루기 원하시는가

자녀의 진로에 대하여 세상은 일반적으로 자녀의 자기 이해(흥미와 열정, 강점과 약점), 현실 여건(학업 역량과 가정 형편), 직업 전망(일자리 수요와 미래 전망)에 대한 관찰과 이해가 중요하다고 말합니다. 이러한 영역들은 자녀의 진로를 분별하고 도와주는 중요한 요소가 되지만, 하나님의 자녀에게는 이보다 더 우선적이고 근본적인 요소가 있습니

다. 그것은 바로 하나님의 소명(calling)입니다.[80] 창조론을 다루면서 언급한 것처럼, 하나님의 자녀는 '목적'을 갖고 창조되었기에 진로를 분별하는 과정에는 반드시 하나님이 '어떤 목적'으로 자녀를 창조하고 길러 가시는지에 대한 질문이 있어야 합니다.

세상에서 진로를 말할 때 주목하는 요소들은 모두 자녀가 주어가 되는 질문들입니다. 자녀가 무엇을 좋아하는지, 자녀가 무엇을 잘하는지, 자녀가 보기에 세상에서 유망한 직업이 무엇인지를 질문합니다. 그러니 결국 진로는 자녀의 수준만큼 분별되고 자녀의 능력만큼 성취되어, 결국 진로 교육은 직업 교육이 되는 경우가 많습니다.

하지만 기독교적 진로 교육은 주어가 '자녀가 아닌' 자녀를 창조하신 '하나님'입니다. 왜냐하면 진로는 단순한 직업 선택이 아니라 창조자의 목적과 소명에 응답하는 과정이기 때문입니다. 우리는 모두 하나님의 작품입니다. 하나님은 우리 각자에게 반짝이는 인생을 계획하셨습니다. 따라서 부모와 자녀는 "어떤 직업이 유망한가"를 먼저 보기보다 "하나님이 자녀의 인생을 통해 무엇을 이루기 원하시는가"를 함께 묻고 분별해야 합니다.

성경에서 야곱은 아들 요셉이 늘 채색옷을 입으며 안전한 집안에서 자라기를 원했지만, 하나님은 더 큰 계획을 갖고 계셨습니다. 그를 통하여 야곱 집안과 이스라엘 민족을 구원하고자 하셨기에 총리 요셉으로 인도하신 것입니다(창 50:20). 하나님이 아브라함을 부르셨을 때도, 아브라함은 한 가정의 존경받는 안전한 아비 '아브람'을 원했지만, 하나님은 열방의 아비 '아브라함'을 계획하고 인도하셨습니다(창 17:5). 이처럼 기독교적 진로 교육은 자녀의 원함이나 내 뜻대로 디자인하는 작업이 아니라, 자녀를 창조하실 때부터 하나님이 품으신 목적대로 쓰임받는 여정이라고 말해 주어야 합니다. 우리는 하나님 앞에 가장 반짝이는 인생을 분별하고 응답할 수 있어야 합니다.

이렇듯 진로의 주체가 자녀와 부모가 아닌 하나님이 되어 주실 때, 자녀의 인생은 진정으로 '여호와의 기업'이 됩니다(시 127:3). 하나님이 설계자와 공급자, 시행자가 되시기 때문입니다. 그럴 때 자녀의 진로 여정에 필요한 믿음과 재정, 지혜와 환경을 모두 하나님이 주관하십니다.

세상에서 좋은 기업 하나가 잘 세워져도 세상에 큰 유익을 주는데, 여호와의 기업인 자녀가 잘 세워지면 그가 속한 가정은 물론이고 일터와 세상에는 하나님 나라의 통치와 열매가 임하게 되지 않겠습니까? 사실 세상에서도 직업을 경제적인 보상이 동반되는 직업(job)과, 개인의 자아실현이 일어나는 경력(career)과, 신이 부여한 사명을 감당하는 소명(vocation)으로 분류하기도 합니다. 그중에서도 소명이 더 깊은 의미와 목적을 담고 있다고 이해합니다. 세상은 그들이 언급하는 '신'이 누구인지 알지 못하나, 성경은 분명히 그분이 바로 자녀를 친히 창조하신 하나님이라고 선언합니다.

"내가 너를 모태에 짓기 전에 너를 알았고 네가 배에서 나오기 전에 너를 성별하였고 너를 여러 나라의 선지자로 세웠노라 하시기로"(렘 1:5).

어떻게 소명을 분별할까?

그렇다면, 우리는 어떻게 자녀를 향하신 하나님의 소명을 분별할 수 있을까요? 진로가 하나님의 손에 달려 있다면 자녀는 아무런 선택권 없이 하나님이 부르신 직업을 따라가면 되는 것일까요? 결코 그렇지 않습니다. 인격적인 하나님은 자녀의 인생을 양육하는 부모와 자녀 자신에게 하나님의 선하시고 완전하신 부르심의 소명을 분별하고 경험할 수 있도록 여러 통로와 단서들과 자발적인 선택의 공간을 제공하십니다.

첫째, 성경은 하나님의 자녀들이 진정으로 하나님의 뜻을 구하며 순종으로 나아가길 원할 때 자기의 기쁘신 뜻을 위하여 그들에게 소원을 두고 행하게 하신다고 언약합니다(빌 2:13). 진로를 고민하는 부모와 자녀는 ‘따로 또 같이’ 자녀의 삶을 향하신 하나님의 소명을 깨닫게 해달라고 기도해야 합니다. 그래서 기독교적 진로 교육은 하나님이 모두 정하셨으니 그저 순종만 하면 된다는 숙명론이 아니라, 하나님이 주신 자유와 책임 안에서 지혜롭게 탐색하고, 최선을 다해 준비하며, 열린 마음으로 하나님의 인도하심을 따라가는 훈련의 여정이 되어야 합니다.

둘째, 하나님이 자녀의 삶을 통해 발견하게 하신 소명의 단서들을 함께 분별하는 과정이 필요합니다. 여기서 말하는 소명의 단서 안에는 세상에서 말하는 자녀의 특별한 관심(흥미와 열정), 자녀의 재능(강점과 약점), 직업 전망(세상의 변화)만이 아니라 하나님이 나의 자녀에게

   성경을 심는 부모 코칭 30일

만 경험하게 하신 특별한 사건과 자녀의 신앙(가치관), 그리고 자녀를 위한 기도 그룹에게 주신 기도 응답도 포함됩니다.

무엇보다도 자녀 자신이 하나님 앞에서 분별하고 응답하는 시간이 있어야 합니다. 자녀가 매주 참여하는 주일예배, 매일 묵상하는 말씀과 기도 시간, 가정에서의 가정예배 시간, 수련회에서의 기도 시간, 제자훈련이나 비전 여행 등을 통한 신앙 경험 등은 소명을 분별하기 위한 매우 중요한 단서가 됩니다. 그래서 믿음의 부모는 자녀가 자신의 삶을 통해 '하나님께 영광을 돌리고, 사람에게 유익을 주는 인생'으로서의 진로를 찾아가도록 친절하고도 지속적인 격려와 도움을 제공해야 합니다.

최근 교육부와 한국직업능력연구원이 조사한 초중고 1,200개 학교의 학생과 부모와 교원 총 3만 8,481명을 대상으로 설문한 '초·중등 진로 교육 현황 조사'에 따르면, 자녀가 부모와 진로에 대해 대화하는 빈도에 대하여 '매주 1회 이상'이라고 대답한 비율이 초등학생은 53.7%, 중학생은 68.2%, 고등학생은 70.8%로 나타났습니다.[81] 세상의 부모도 자녀의 진로를 위해 이토록 많은 시간과 정성을 쏟는데, 하나님의 자녀를 위탁받아 여호와의 기업을 길러 내는 믿음의 부모는 더욱 자녀의 진로를 위하여 시간을 구별하고 헌신을 드려 은혜와 인도하심을 구해야 합니다. 그 자리마다 직업과 경력을 넘어 소명을 주목하고, 내 생각과 경험을 넘어 하나님의 계획과 인도하심을 신뢰하고 나누는 진로 교육이 이루어질 것입니다. 이러한 진로 교육은 두려움과 걱정이 아닌 소망으로 가슴 뛰는 여정이 될 것입니다.

✱ 자녀의 진로를 결정하는 주어는' 자녀'가 아니라 '하나님'이심을 인정하는 데서 신앙적 진로는 출발합니다. 우리는 자녀의 재능과 관심, 능력과 환경, 그리고 직업 전망보다 하나님의 부르심을 먼저 묻는 자리로 나아가야 합니다.

따라쓰기

....

....

....

✱ 부모는 자녀를 향한 하나님의 부르심을 분별하기 위해 자녀와 '따로 또 같이' 기도하며, 자녀의 삶에 새겨진 특별한 사건과 신앙의 경험, 기도의 응답 등 소명의 단서를 함께 기억하고 분별해야 합니다.

따라쓰기

....

....

....

- 자녀의 진로를 위해 기도할 때 하나님이 주신 소명을 우선하나요, 아니면 세상의 주목과 나의 바람을 우선하나요?

- 자녀가 소명을 발견하도록 돕기 위해 자녀 삶에 일어났던 특별한 사건과 기도 응답을 함께 나눈 적이 있나요?

29일

[돈과 신앙]

돈을 많이 버는 것이 죄인가요?

///////////////////////

"… 너희가 하나님과 재물을 겸하여
섬기지 못하느니라"(마 6:24).

대표적인 경제 전문 주간지 중 하나인 〈매경이코노미〉에서 청소년 494명을 대상으로 '인생에서 무엇이 가장 중요한지'에 대하여 물었더니, 1위로 '돈'(30.1%), 2위로 '가족의 행복'(26.4%), 3위로 '친구와의 우정'(16.6%), 4위로 '사랑'(13%)이라고 응답했습니다.[82] 지금 우리 자녀세대들의 마음에 가족이나 우정보다 더 중요한 것이 돈이라고 답한 것은 적잖은 충격이었습니다. 지금 이 질문을 우리 자녀들에게 한다면 어떠한 답이 나올까요?

재물을 사용하는가, 쌓아 두는가?

저는 여름과 겨울이면 청소년들이 모여서 드리는 연합캠프에 말씀을 전하러 종종 갑니다. 한번은 저녁 집회 전에 식당에서 밥을 먹고 있던 청소년들에게 이렇게 물었습니다. "애들아, 오늘 저녁 집회 마치고 뭐 사주면 좋겠니?" 예상했던 대답은 '치킨이요' '피자요' 정도였는데, 아이들의 입에서 나온 답은 "땅이요" "아파트요"였습니다. 분명히 바로 그 전날 저녁 집회 때에 아이들은 목소리 높여 '주님 한 분만으로 나는 만족해'를 고백했는데, 진짜 무엇을 원하냐고 묻자 '재물'이라고 답한 것입니다.

청소년 자녀를 둔 부모를 위해 신앙 강좌를 진행하다 보면 종종 "돈을 많이 버는 직업을 갖는 것이 죄인지 자녀가 물을 때 어떻게 대답해 주어야 합니까?"라는 질문을 받습니다. 믿음의 부모는 자녀에게 어떻게 알려 주어야 할까요?

성경은 재물에 대해 하나님이 백성에게 주신 사명을 이루기 위한 수단으로서, '은사'(gift of God)라고 증언합니다. 전도서는 하나님의 백성에게 주신 "하나님의 선물"(전 5:19)이라고 선언하고, 디모데전서는 우리에게 재물을 주심은 하나님께 소망을 두게 하시며 "선을 행하고 선한 사업을 많이"(딤전 6:18) 하기 위해서라고 증언합니다. 그렇기에 하나님이 주신 사명을 위한 도구로 쓰임 받을 때 돈은 하나님이 허락하신 복이 됩니다. 그러나 만일 우리가 재물의 주인이신 하나님을 제치고 재물을 우리 삶의 중심에 두어 돈 자체가 우상이 된다면, 그것은 우리의 삶을 복의 길이 아니라 저주와 패망의 길로 이끄는 독이 됩니다. 그래서 디모데전서는 "돈을 사랑함이 일만 악의 뿌리"(딤전 6:10)가 되어 돈을 탐내다가 결국 믿음을 떠나고 근심에 거하는 인생이 될 수 있다고 경고합니다.

이러한 관점에서, 예수님이 말씀하신 "하나님과 재물을 겸하여 섬기지 못하느니라"(마 6:24)라는 선언은 우리에게 매우 중요한 돈에 관한 신앙 기준을 알려 줍니다. 예수님은 신앙과 돈의 관계를 설명하시며, 하나님과 재물을 함께 섬기면 '안 된다'고 하지 않으시고, 섬기지 '못한다'고 말씀하셨습니다. 한마디로 하나님과 재물, 신앙과 돈의 관계는 '선택'의 문제가 아니라 '결단'의 문제라는 것입니다. 재물은

 성경을 심는 부모 코칭 30일

결코 '섬김'의 대상이 아니라 '사용'의 대상이 될 때에만 하나님이 주시는 복의 통로가 될 수 있기 때문입니다. 이는 마치 밭을 가는 농부에게 삽은 필요하지만 삽을 쌓아 두는 것이 결코 노동의 목적이 될 수 없는 것과 같습니다. 하나님이 주신 사명을 잘 감당하기 위해서 재물이 필요하지만, 그 재물이 삶의 목적이 되는 순간 우리는 후회와 패망의 삶을 살게 됩니다.

___ 재물에 자유로운 청지기 인생을 가르쳐라

우리는 부모로서 자녀에게 신앙과 돈에 대하여 바르게 양육할 필요가 있습니다.

첫째, 부모는 자녀에게 돈이 '하나님의 나라'를 위하여 먼저 세워져야 함을 가르쳐야 합니다. 우리가 세상 속에서 돈을 얻고 사용할 때마다 요구되는 지혜도, 건강도, 재능도, 관심도 모두 하나님이 제공하신다는 사실을 알려 주고, 재물은 하나님이 우리에게 주신 사명을 위한 도구임을 분명히 해야 합니다. 그럴 때 하나님은 자녀의 인생에 하나님 나라를 위하여 필요한 모든 것을 더하여 주십니다.

둘째, 부모는 자녀에게 돈을 "하나님의 영광"(고전 10:31)을 위해 사용하는 '은사'라고 가르쳐야 합니다. 그 은사를 바르게 사용하는 삶 자체가 곧 삶의 예배를 실천하는 자리가 될 수 있음을 알려 주어야 합니다. 성경은 우리에게 하나님을 '예배'하고, 사람을 '사랑'하고, 재물을 '다스리는 것'이 하나님 백성의 삶이라고 선언하고 있습니다.

이렇듯 일상의 삶에서 재물이 아니라 하나님만 예배하며, 재물을 나만을 위해 욕심 부리지 않고 하나님의 백성인 이웃을 사랑하고 유익을 주기 위한 도구로 사용해야 함을 알려 주어야 합니다. 하나님이 주신 사명에 따라 돈을 사용하는 것이 곧 거룩한 삶의 예배 현장이 될 수 있습니다.

셋째, 부모는 작은 실천을 통하여 가정에서부터 자녀에게 성경적 재정훈련을 해야 합니다. 기본적으로 가정에 주신 재정은 하나님이 우리 가정을 통하여 개인과 가정과 교회와 세상에 하나님 나라를 세워 가시기 위한 '거룩한 공금'임을 자녀에게 가르쳐야 합니다. 그래서 수입의 십분의 일을 하나님께 드리는 십일조도 의무적 행위가 아니라 믿음의 행위라는 사실을 알려 주어야 합니다(창 28:22). 십일조는 '십분의 구는 나의 것이고, 십분의 일은 하나님 것'이라서 하는 것이 아닙니다. 내게 주신 모든 것이 하나님의 것임(시 24:1)을 십일조를 드림으로 고백하며 감사하는 믿음의 행위입니다.

가정에서는 자녀에게 용돈을 주기 시작하는 시기부터 세 개의 저금통을 준비하여 자녀가 받는 용돈 중에 십분의 일은 십일조로, 십분의 일은 이웃을 위한 이웃사랑 헌금으로, 십분의 일은 미래를 위한 미래저금으로 구별하여 떼어놓고 나머지 돈을 일상을 위해 사용하도록 도울 수 있습니다. 또한 가정 내에 규모가 큰 지출이 필요할 때마다, 부모는 가정예배를 통해 "먼저 그의 나라와 그의 의를 구하라"(마 6:33)는 성경적 원리를 어떻게 적용했는지 그 결정 과정을 자녀들과 투명하게 나눌 수 있습니다.

부모는 먼저 하나님 나라를 위해서 재정을 사용했던 경험을 자녀들에게 간증함으로써 성경적인 재정 생활이 결코 손해 보는 삶이 아니라 인간의 생각과 노동으로는 보장할 수 없는 하나님의 크신 은혜와 부요함을 경험하게 하시는 삶임을 자녀에게 전할 수 있습니다. 이처럼 부모가 재정 사용의 원칙과 신앙을 의도적으로 공유할 때, 자녀들은 돈에 휘둘리는 인생이 아니라 모든 것을 공급하시는 하나님 안에서 진정한 자유를 누리는 '청지기적 삶'을 배우며 성장하게 될 것입니다.

마음에 새기는 한 문장 ✎

✳ 성경은 재물을 하나님의 사명을 위하여 하나님이 주신 '은사'라고 선언합니다. 돈은 '섬김'의 대상이 아니라 '사용'의 대상입니다.

따라쓰기

....

....

....

✳ 부모는 자녀에게 돈의 목적을 하나님 나라에 먼저 두고 이웃을 위한 도구로 사용하는 것이 삶의 예배임을 가르쳐야 합니다. 십일조, 주일 헌금, 이웃을 위한 헌금 등 성경적 재정훈련은 가정에서부터 가르쳐야 합니다.

따라쓰기

....

....

....

- 자녀 앞에서 돈의 주인이 하나님이심을 고백하고 있나요? 하나님 나라를 위해 재물을 사용하는 청지기의 삶을 가정과 일터에서 보여 주고 있나요?

- 자녀가 십일조, 이웃사랑 헌금 등 성경적 재정 관리를 실천하는지 확인하고, 그 과정 중에 경험한 하나님 은혜와 간증을 함께 나누며 격려하고 있나요?

30일

[디지털 기기와 신앙]
스마트폰이나
게임을 더 하면 안 돼요?

////////////////////////

"자기의 마음을 제어하지 아니하는 자는
성읍이 무너지고 성벽이 없는 것과 같으니라"(잠 25:28).

최근 과학기술정보통신부가 전국 17개 시도를 대상으로 조사한 '스마트폰 과의존 실태조사'에 따르면, 한국 십대 청소년의 스마트폰 과의존 위험군 비율이 42.6%인 것으로 나타났습니다.[83] 국립정신건강센터(2024)의 〈중독 주요 지표 모음집〉에 따르면, 한국 청소년의 게임중독 위험군은 약 10%로 보고되었으나, 계획한 일들을 미루거나 꼭 해야 할 일들을 잊어버리는 것과 같은 게임 과의존으로 인한 문제적 현상들을 포함하면 이보다 훨씬 높은 비율의 청소년들이 스마트폰 때문에 일상생활에 심각한 어려움을 겪고 있는 것으로 파악되고 있습니다.[84] 실제로 이러한 증상을 자각한 다수 청소년은 스마트폰과 온라인 게임 과의존으로 인하여 정서적 불안정과 일상 기능 저하로 인한 어려움이 있다고 말합니다.

____ 슬기로운 스마트폰·게임 생활을 위해

지금 자녀세대가 사용하고 있는 디지털 기기는 부모세대가 예전에 사용하던 게임기처럼 단지 놀이만을 위한 기기가 아닙니다. 일상생활과 학교에서의 학업과 소통과 교제의 도구가 되었기에 무조건 금지할 수도 없습니다. 우리는 자녀세대에게 슬기롭게 스마트폰을 사용하고, 게임을 절제하는 법을 제시해 주어야 합니다. 많은 전문가는 청소년들이 많이 사용하는 스마트폰이나 온라인 게임 이슈를 자녀의 '의지 부족'으로 치부해서는 해결할 수 없다고 말합니다. 이 문제는 디지털 알고리즘과 숏폼 문화, 맞벌이 가정의 증가와 학원 중심의 생활 환경, 그리고 보상과 비교에 민감한 청소년기의 특성이 얽혀 있는 복합적인 사안입니다. 따라서 자녀 개인의 의지를 탓하기보다, 이들의 삶을 포괄적으로 이해하는 일관된 지도와 다각적인 지원 체계 마련이 시급합니다. 그렇다면, 믿음의 가정에서 자녀가 스마트폰이나 게임을 더 허용해 달라고 요구할 때 우리는 어떻게 대처해야 할까요?

첫째, 부모가 먼저 자녀들이 사용하고 있는 스마트폰과 게임에 담긴 디지털 콘텐츠와 문화에 대한 디지털 문해력을 높여야 합니다. 스마트폰은 원래 아동이나 청소년을 위해 설계된 기기가 아니라 성인들을 대상으로 만들어졌기에, 기본적으로 자녀에게 '어떤 조건과 기준 아래에서 쓰게 할 것인가?'에 대한 명확한 가이드라인을 세우고 안내해야 합니다.

부모는 현재 자녀가 사용하고 있는 앱 및 게임의 사용 연령, 채팅 문화, 과금 방식, 폭력성, 선정성, 도박성과 같은 위험 요소가 있지는 않은지를 파악하여 자녀가 의도치 않게 정서적이고 윤리적인 폭력에 노출되지 않도록 해야 합니다. 기본적으로 부모는 자녀가 현재 법적으로 연령을 제한하고 있거나 사용을 금하고 있는 콘텐츠에 노출되어 있지 않은지, 자녀가 사용하는 스마트폰 앱과 SNS 플랫폼과 온라인 게임의 사용 연령을 확인하고 지도해야 합니다. 이 과정에서 무엇보다 중요한 것은, 이러한 확인이 금지나 통제를 위한 것이 아니라 자녀를 보호하고 돕기 위한 것임을 부모가 반복해서 분명히 전달해야 합니다.

둘째, 부모와 자녀가 함께 배우는 자세를 가져야 합니다. 정기적인 교육과 최신 정보 업데이트를 통해, 변화하는 디지털 문화 속에서 슬기로운 기기 활용 습관을 함께 세워 나가야 합니다. 주변에 자유롭게 스마트폰과 게임을 하는 친구들이 있는 경우, 자녀는 "친구 부모님들은 다 허락하는데 왜 나만 못 하게 하느냐"라거나, "나도 친구들과 어울리고 싶다"고 불평과 원망의 소리를 할 수 있습니다. 이때, 부모는 자녀의 마음에 공감해 주고 그들의 말을 경청해야 합니다. 하지만, 자녀의 마음을 공감하는 것과 그들이 원하는 것을 허용하는 것은 전혀 다른 영역입니다. 이러한 상황일수록 부모는 올바른 자녀 양육 기준이 '또래 문화'가 아니라 사랑하는 자녀의 '건강과 성장'임을 진정성 있고 일관되게 알려 주고 소통해야 합니다.

이를 위해 EBS나 국내외 공공기관, 전문 연구소에서 제작한 스마트폰·게임 과의존 관련 특집 다큐멘터리를 함께 시청해 보기 바랍니다. 검증된 영상을 토대로 부모와 자녀가 함께 대화해 볼 수 있습니다. 스마트폰·게임 과의존으로 인한 우울, 비만, 수면 부족, 주의력 결핍, 충동성 등과 같은 부작용에 대한 영상을 함께 시청하고, 각 가정에 적용할 수 있는 실천사항들을 나누어 볼 수 있습니다.

물론 스마트폰과 게임의 부정적인 면만 부각하기보다, 이를 긍정적으로 활용했을 때 얻을 수 있는 유익과 장점도 균형 있게 다루어야 합니다. 이를 통해 자녀 스스로 슬기로운 디지털 생활을 위한 구체적인 계획을 세울 수 있도록 이끌어 주어야 합니다.

이렇듯 부모가 무조건 금지하기보다 '원칙 있는 허용과 사용'에 관한 대화를 자녀와 함께하면서 합의점을 만들어야 합니다. 대화를 통해 '언제, 얼마나, 어디서, 무엇을 사용할지'에 대한 디지털 사용 규칙을 함께 정하고, 부모님도 같은 원칙을 지키며 솔선수범의 자세를 보일 때 자녀의 변화를 이끌어낼 수 있습니다.

과학기술부 산하 스마트쉼센터에서 제시하는 '슬기로운 스마트폰 사용 5대 원칙'은 가족이 함께 적용하기 좋은 내용을 포함하고 있습니다.[85] 첫 번째는 시간 원칙으로서, 하루 사용 시간을 학년별로 제한하며 밤 10시 이후 사용을 금지하는 것입니다. 두 번째는 공간 분리 원칙으로, 식사, 수면, 학습 시간에는 스마트폰을 바구니에 보관하는 것입니다. 세 번째는 대체 활동으로, 사용 후 운동, 독서, 가족 대화 등 오프라인 프로그램을 마련하는 것입니다. 네 번째는 기록 공유 활동으로, 앱 사용에 관한 기록과 유튜브 구독 목록을 가족에게 공개하는 것입니다. 다섯 번째는 칭찬 활동으로, 슬기로운 스마트폰 사용을 실천하는 자녀를 가족이 함께 칭찬하는 것입니다.

____ 사용 시간을 늘려 달라는 자녀에게

셋째, 부모는 자녀에게 나이에 따른 스마트폰과 게임에 관한 허용

　　　　　성경을 심는 부모 코칭 30일

범위를 분명히 알려 줄 필요가 있습니다. 세계보건기구(WHO)와 미국소아과학회(AAP), 그리고 교육학자들은 부모와의 직접적인 상호작용이 자녀의 사회·언어·인지 발달에 결정적인 역할을 한다고 말합니다.[86] 특히 기초 뇌 회로가 형성되는 영·유아기에는 디지털 미디어 사용을 최소화하는 것이 원칙이며, 부득이할 경우에도 아이 혼자가 아니라 부모와 함께 짧은 시간 동안만 접하도록 권장합니다. 3세 이후 유치기 역시 자녀 혼자서 미디어 콘텐츠를 보는 것은 경계해야 하며, 미디어 콘텐츠를 보더라도 영상과 이미지가 일상의 속도보다 빠르게 진행되거나 산만하거나 폭력적인 내용이 포함되어 있는 콘텐츠는 엄격히 금하는 것이 좋습니다. 이 시기에는 영상과 게임을 포함한 미디어 스크린 시간을 하루 총 1시간 이내로 제한해야 하며, 한 번에 30분 이상은 하지 않도록 지도해야 합니다.

특히 이 시기에 자녀를 달래거나 진정시키는 목적으로 디지털 미디어를 이용하는 것은 자녀들이 감정조절 능력을 길러야 할 기회를 빼앗는 위험한 육아가 될 수 있음을 잊지 말아야 합니다.

초등학교 시기의 자녀들은 미취학기보다 자기조절 능력이 발달하지만, 여전히 주의나 충동조절을 담당하는 전전두엽과 윤리의식이 성숙하지 않은 시기이기에 디지털 사용 시간을 2시간 이내로 통제하는 것을 권합니다. 이 시기에 부모는 자녀들이 사용하는 앱과 게임의 시청 및 이용 가능 연령을 반드시 정기적으로 확인하여 자녀들이 의도치 않게 유해한 콘텐츠에 노출되지 않도록 보호해 주어야 합니다. 상한 음식을 자녀에게 먹일 수 없는 것처럼, 부모는 자녀에게 연령에 맞지 않는 미디어 콘텐츠를 조금도 허용할 수 없는 이유를 부지런히 전해야 합니다.

자녀가 초등학교 고학년이 되면 본격적으로 스마트폰이나 온라인 게임 이용 시간을 늘려 달라고 요청할 것입니다. 이때 믿음의 가정에서 반드시 기억해야 할 것은 스마트폰이나 게임 시간을 주일 예배나 신앙 활동의 보상으로 활용해서는 절대 안 된다는 것입니다. 예를 들어, 주일예배를 다녀오거나 교회 수련회를 참여하면 그 보상으로 온라인 게임 시간을 늘려 주어서는 안 됩니다. 그럴 경우 자녀들은 신앙생활을 부모님을 위해서 혹은 부모님 때문에 하는 종교적 도구로 오해할 수 있습니다.

자녀가 청소년기에 들어서면 부모는 스마트폰과 온라인 게임 규칙을 자녀와 함께 정해야 합니다. 부모는 자녀의 나이와 성숙도에 따라서 허용 범위를 넓혀 주어 자율성과 책임감을 키워 주되, 지속적인 모니터링과 대화를 통해 자녀가 안전한 디지털 미디어를 사용할 수 있도록 도와야 합니다. 가정 내 스마트폰 및 게임 사용 규칙은 부모와 자녀가 함께 정하되, 총 사용 시간과 시간대, 장소, 허용 콘텐츠, 게임 등급은 물론, 규칙을 어겼을 때의 제재 방안까지 구체적으로 정해야 합니다. 이는 단순한 통제를 넘어 기술적인 보호와 관계적인 지도가 조화를 이루는 실질적인 가이드라인이 되어 줄 것입니다.

성경을 심는 부모 코칭 30일

넷째, 부모는 앞에서 언급한 디지털 미디어 사용 규칙을 세우되 무엇보다 자녀와의 관계가 더욱 중요함을 잊지 말아야 합니다. "자기의 마음을 제어하지 아니하는 자는 성읍이 무너지고 성벽이 없는 것과 같으니라"(잠 25:28)고 선언하는 잠언 말씀을 기억하십시오. 자녀가 아직 스마트폰이나 온라인 게임을 스스로 통제하지 못하는 상황에서 부모는 그들에게 '왜 그랬냐'고 지적하기보다 '어떻게 도와줄 수 있을까'라는 공동책임을 끌어안는 지혜가 있어야 합니다.

잠언 25장 28절에 나오는 "마음"을 뜻하는 히브리어 '레바브'(לֵבָב)는 '중심'을 의미합니다. 자녀가 디지털 미디어로 인하여 삶의 중심과 우선순위를 잃어버렸을 때, 부모가 가장 먼저 해야 할 일은 '지적'이 아니라 '도움'입니다. 불안하면 도망가고 안전하면 달려오는 자녀들에게 효과적인 양육 도구는 엄격한 '규칙과 금지'가 아니라, 안전하고 구체적인 '도움과 격려'임을 기억해야 합니다.[87]

예를 들면, 가정예배 시간이나 매일 잠자기 전 침대에서 부모와 자녀는 '1분 디지털 회고 시간'을 정하고 오늘 하루 디지털 미디어를 통해서 얻은 유익과 후회는 무엇인지 나눌 수 있습니다. 사순절이나 대림절과 같은 교회 절기에는 '가족 챌린지 주간'을 함께 정하여 온라인 디지털 시간을 줄이고 가족 보드게임, 자전거 타기, 맛집 탐방, 가족 요리사 등 다양한 오프라인 가족 시간을 채워 디지털 의존도를 낮출 수 있습니다. 이러한 여정을 통해 부모와 자녀가 디지털 미디어 사용을 함께 절제하고, 말씀과 기도와 쉼의 시간을 지키는 모습을 보일 때, 자녀는 이를 규칙과 금지가 아닌 삶의 방식과 문화로 배워 가게 됩니다.

또한, 교회는 다양한 테마로 운영하는 열 명 내외의 스몰 캠프(Small camp)를 아동기와 청소년기 다음세대들에게 제공하길 바랍니다. 아이들이 스마트폰을 내려놓은 그 자리에 믿음의 공동체가 들어설 수 있도록 이끌어 주십시오. 아이들은 게임 속 세상을 넘어 교회와 공동체 안에서 더 넓고 깊은 관계의 가치를 배우게 될 것입니다.

한 명의 교역자와 두세 명의 교회학교 교사만 함께할 수 있다면, 교회는 보드게임 기쁨 캠프, 맛집 투어 신앙 캠프, 친구와 함께하는 운동캠프, 찬양과 기도 캠프, 선생님과 함께하는 요리 캠프, 교회사 스토리 캠프 등 다양한 테마로 1박 2일 스몰 캠프를 수시로 열 수 있습니다. 자녀들은 이 캠프를 통해 인격적이고 환대하는 공동체 안에서 디지털 미디어로는 누릴 수 없는 웃음과 재미, 관계와 의미를 나눌 수 있는 안전한 신앙 공동체, 친구 공동체, 신앙 추억 공동체를 경험할 수 있습니다.

마음에 새기는 한 문장 🖉

☀ 십대들의 스마트폰 과의존의 현실은 개인적 '의지 부족'때문만이 아니라, 디지털 환경과 생활양식 등 다양한 요인이 복합적으로 작용한 결과입니다.

따라쓰기

....

....

....

☀ 부모는 먼저 디지털 문해력을 키워 자녀 보호와 연령별 사용원칙을 함께 세워야 합니다.'제한과 지적'보다 '도움과 격려'로 자녀와의 관계를 우선할 때, 디지털을 넘어서는 인격적이고 공동체적인 경험을 나눌 수 있습니다.

따라쓰기

....

....

....

믿음의 부모에게 드리는 질문

• 우리 가정에는 온라인 게임과 스마트폰 사용에 대한 '원칙 있는 허용과 사용 기준'이 세워져 있나요? 가족과 교회를 통해 디지털을 넘어서는 인격적이고 따뜻한 공동체 경험을 쌓을 기회를 자녀에게 주고 있나요?

주

1 https://bonhoefferblog.wordpress.com/2008/07/13/dietrich-bonhoeffer-on-the-ministry-of-helpfulness-t/; Ronald T. Havermas, *Introduction to Christian Education and Formation: A Lifelong Plan for Christ-centered Restoration* (Grand Rapids, Mi: Zondervan, 2008), 14-15에서 재인용.

2 예장통합/기아대책/목회데이터연구소, "코로나19 이후 한국교회 변화 추적조사", 2022.05 (전국 담임목사 981명, 2022.04.27~04.30); 목회데이터연구소, "한국교회 트렌드 2024", 2023.06 (전국 담임목사 500명, 2023.05.12~05.31); "한국교회 과제 발견을 위한 조사", 2024.01 (전국 담임목사 526명, 2024.01.05~01.15)

3 한국기독교목회자협의회, "2023 한국인의 종교생활 및 신앙의식 조사" (담임목사 802명, 모바일 조사, 2023.01.31~02.13)

4 한국기독교목회자협의회, 목회데이터연구소, "교회이탈 청년 조사" (19-39세 미혼 청년 200명, 2025.04.28.~05.07); "크리스천 중고생 조사" (교회 출석 중고생 500명, 2014, 기독교연합신문); 목회데이터연구소/한국교회연구원/안산제일교회, "2021 크리스천 중고생의 신앙생활에 관한 조사연구", 2021.6.17 (전국 개신교 중고생 500명, 온라인 조사, 2021.04.08~23); 노희태, "신앙공동체의 양육태도가 청소년 신앙 정체성에 미치는 영향: 온누리교회 중고등부를 중심으로" (장로회신학대학교 미간행 석사논문, 2016)

5 한국교회탐구센터, "개신교인의 가족 신앙에 대한 조사" (전국 만 19~59세 남녀 중 첫 교회 출석 시기가 초등학교 입학 전이며 현재 교회에 출석하고 있는 개신교인 1,000명, 온라인 조사, 2023.07.28~08.11)

6 한국기독교목회자협의회, 《한국 기독교 분석 리포트》(서울: 대한기독교서회, 2023), 78-79; 《한국 기독교 분석 리포트》(서울: 도서출판 URD, 2013), 61.

 성경을 심는 부모 코칭 30일

7 실천신학대학원21세기교회연구소, 한국교회탐구센터, 목회데이터연구소, "3040 신앙의식 및 신앙실태조사" (전국 30-49세 개신교 남녀 700명, 모바일 조사, 2022.11.01~07)

8 한국IFCJ가정의힘, "가정신앙 및 자녀 신앙 교육에 관한 조사", 2021.05.06 (전국 5세 ~고등학생 자녀를 둔 교회 출석 개신교인 1,500명, 온라인조사, 지앤컴리서치, 2021.04.05~04.19)

9 대한예수교장로회 고신총회 총회교육권, 목회데이터연구소, "한국교회 3040부모세 대 트랜드" (전국 30~49세 개신교인 남녀 700명, 온라인조사, 지앤컴리서치, 2023.09.08~09.12)

10 한국IFCJ가정의힘, "가정신앙 및 자녀 신앙 교육에 관한 조사", 2021.05.06 (전국 5세~ 고등학생 자녀를 둔 교회 출석 개신교인 1,500명, 온라인조사, 지앤컴리서치, 2021.04.05~04.19)

11 대한예수교장로회 고신총회 총회교육권, 목회데이터연구소, "한국교회 3040부모세 대 트랜드"(전국 30~49세 개신교인 남녀 700명, 온라인조사, 지앤컴리서치, 2023.09.08~09.12)

12 사무엘 오스틴 모펫, "Inter-Synodical Foreign Missionary Convention for Men 연설 중", 1907. 2. 19-21. 장로회신학대학교 박물관 서고 소장 원전.

13 Martin Luther, 《루터선집》 제9권, 지원용 편 (서울: 컨콜디아사, 1983), 294-295.

14 Martin Luther, "Denn alle Obrigkeit stammt von Gott, und die Eltern, insbesondere die V?ter, sind Gottes Stellvertreter" (Großer Katechismus, WA 30/1, 124.18-20).

15 양금희, 《종교개혁과 교육사상》 (서울: 한국장로교출판사, 1999), 132-133, 140- 141.

16 리처드 백스터, 정호준 역, 《하나님의 가정》(*The Godly Home*) (서울: 복 있는 사람, 2012), 16, 172.

17 Henry Chadwick, *Early Christian Thought and Politics* (New York: Oxford University Press, 1993), 45-47.

18 L. Sherill, *The Rise of Christian Education* (New York: Macmillan, 1953), 159, 160- 163; 은준관, 《기독교교육 현장론》 (서울: 동연, 2022), 45-46. 성 요한 크리소스 톰은 4세기 말~5세기 초 콘스탄티노폴리스의 대주교로 봉직하며 탁월한 설 교와 성경 주해로 '황금의 입'이라 불린 교부이다. 알렉산드리아의 클레멘트 는 2~3세기 알렉산드리아에서 활동한 기독교 사상가이자 교부로서 변증적·

교육적 저술을 남겼고, 성 어거스틴은 4~5세기 북아프리카 히포의 주교로서 《고백록》과 《하나님의 도성》 등을 통하여 서방 신학과 서구 사상 전반에 깊은 영향을 끼친 교부이다.

19 Thomas Watson, *The Godly Man's Picture: Some Characteristic Marks of a Man who is Going to Heaven* (London: James Flesher, 1666), 1-50.

20 김의환 편역, 《개혁주의 신앙고백: 한눈에 보는 대조 설명판》 (서울: 대한예수교 장로회총회 출판부, 2011), 194-196.

21 유엔아동권리협약, "아동의 권리에 관한 협약"(Convention on the Rights of the Child), 1989년 11월 20일 유엔총회 만장일치 채택, 전문 및 54개 조항(서울: 국가 기록원 아카이브)

22 국립국어원, 《표준국어대사전》, 온라인판, "골든타임" 항목 조회. [접속일: 2025년 11월 6일]

23 Charles R. Foster, *From Generation To Generation: The Adaptive Challenge of Mainline Prot?estant Education in Forming Faith* (Eugene, OR: Wipf and Stock Publishers), 9-10; *Educating Congregations: The Future of Christian Education* (Nashville: Abingdon Press, 1994), 44-47.

24 Abraham Maslow, "A Theory of Human Motivation." *Psychological Review* 50, no. 4 (1943): 370-96.

25 E. Erikson, *Childhood and Society* (New York: W. W. Norton & Company, 1963), 247; Janet Gaukroger, *Sharing Jesus With Under Fives* (Nottingham, UK: Crossway Books, 1994), 55.

26 Gaukroger, *Sharing Jesus With Under Fives*, 89.

27 Erikson, *Childhood and Society*, 255-256.

28 L. E. Berk, *Child Development* (9th ed.) (Boston, MA: Pearson, 2012); Jack P. Shonkoff and Deborah A. Phillips, eds., *From Neurons to Neighborhoods: The Science of Early Childhood Development* (Washington, DC: National Academy Press, 2000).

29 Adele Diamond, "Executive Functions," *Annual Review of Psychology* 64 (2013): 135-168; 신민섭 외, "기억력의 발달적 특성: 4세부터 12세 아동을 대상으로", 한국심리치료학회지 제2권 (2010), 13-23.

30 Carol Garhart Mooney, *Theories of Childhood: An Introduction to Dewey, Montessori,* Erikson, Piaget & Vygotsky (St. Paul: Redleaf Press, 2000), 81; 양금희, 《기독교 유아아동교육》(서울: 대한기독교서회, 2011), 92.

31 Mooney, *Theories of Childhood,* 81.

32 Erik H. Erikson, *Identity: Youth and Crisis* (New York: W. W. Norton & Company, 1994), 183.

33 John H. Merriman, *A History of Modern Europe: From the Renaissance to the Present* (New York: W. W. Norton, 1996)

34 프랑스 남부 앙뒤즈 근처에 위치한 프랑스 광야 박물관에는 낭트칙령 폐지 이후에 위그노 부모들이 가정에서 가정예배와 신앙교육을 어떻게 실천했는지에 대한 순교 유물, 성경, 예배 도구 등을 게시하고 있다.

35 성원용, 《위그노처럼》 (서울: 국민북스, 2024), 129.

36 위의 책, 134.

37 위의 책, 136.

38 위의 책, 137.

39 파트릭 카바넬 교수 발표 인용, "위그노 박해 역사에서 정체성을 확립한 네 가지 책: 프랑스어 성경, 기독교강요, 다윗의 시편, 순교자들에 관한 책에 대한 설명", 국민일보, 2018년 9월 5일자.

40 https://fulleryouthinstitute.org/ [2024. 12. 24. 검색]

41 지용근 외, 《한국교회 진단리포트》 (서울: 두란노, 2025), 88.

42 Chap Clark, ed., *Adoptive Youth Ministry: Integrating Emerging Generations into the Family of Faith* (Grand Rapids, MI: Baker Academic, 2019)

43 목회데이터연구소, "기독 청소년의 신앙의식", 249호(2024), 3-5쪽; http://mhdata.or.kr/mailing/Numbers249_240723_Full_Report.pdf. [2025년 12월

13일 접속]

44 위의 책.

45 Augustine, *The City of God Against the Pagans*, trans. R. W. Dyson
(Cambridge: Cambridge University Press, 1998)

46 https://blog.naver.com/god123/223989202092 청소년사역연구소에서는
전국에서 일어나는 학교기도불씨운동에 관한 소식들과 활용 자료들을 홈페
이지를 통해서 지속적으로 나누고 있다; https://www.kidok.com/news/
articleView.html?idxno=202458 [2025년 12월 19일 접속]

47 홍성혁 외, "킨츠기 기법으로 복원된 도자기의 재 보존처리에 관한 연구", 한
국도자학연구 20, 제 1권 (2023): 15-28.

48 김종경, 이경희, "간호대학생의 자아존중감이 회복탄력성에 미치는 영향", 근
관절건강학회지 제26권 제3호 (2019), 267.

49 김범수. '아이의 사생활'·'아이의 자존감' 2011년 11월 8일-웨이백 머신,한국일
보, 위키백과에서 재인용.
https://ko.wikipedia.org/wiki/%EC%9E%90%EC%95%84%EC%A1%B4%E
C%A4%91%EA%B0%90 [2024. 06. 17. 접속]

50 한국교회탐구센터, "개신교인의 가족 신앙에 대한 조사", (전국 만19-59세 남
녀 중 첫 교회 출석 시기가 초등학교 이전이며 현재 교회 출석 개신교인 1,000명, 온라인 조사,
2023. 07. 28. ~08. 11.)

51 Lyman Coleman, *The Antiquities of the Christian Church* (Andover and new
york: Gould, Newman&Saxton, 1841), 376-77; 존웨스터호프III, 이숙종 역, 《기독
교신앙과 자녀교육》(*Bringing Up Children in the Christian Faith*) (서울: 대한기독교서회,
1991), 107; 임한영 외 3인, 《교육사상가백선》(서울: 서울대학교출판부, 1967), 290.

52 대한예수교장로회 총회교육자원부, 《하나님의 나라와 가정》(대한예수교장로회
총회교육부 편, 2002), 149; 마틴 루터, 지원용 역, 《탁상담화》(*Tischreden*) (서울: 대한
기독교서회, 1963), 322-23; 장 칼뱅, 문병호 역, 《기독교 강요》(*Institutio Christianae
religionis*) (서울: 생명의말씀사, 2009), 193.

53 Offices of the Free Church of Scotland, "The Directory of Family Worship"h in *The Subordinate Standards and Other Authoritative Documents of Free Church of Scotland* (Edinburgh: Offices of the Free Church of Scotland, 1973), 228-232; 유해무 외 6인, 《가정예배, 어떻게 할 것인가》 (서울: 생명의 양식, 2018), 61; 리처드 백스터, 정호준 역, 《하나님의 가정》(*The Godly Home*) (서울: 복 있는 사람, 2012), 16, 172.

54 Jonathan Edwards, "Letter to the Reverend Thomas Prince" in *The Work of Jonathan Edwards*, vol. 16. Edited by George S. Claghorn (New Haven: Yale University Press, 1998), 124.

55 A. M. Nisbet, *Day In and Day Out in Korea* (Richmond, VA: Presbyterian Committee of Publication, 1919), 67-68.

56 조선예수교장로회, 《조선예수교장로회총회 헌법》(朝鮮예수敎長老會憲法, 1922), 231; 대한예수교장로회총회교육부, 《가정예배 I》(서울: 대한예수교장로회총회출판국, 1988), 6.

57 신형섭, 《가정예배 건축학》(서울: 장로회신학대학교출판부, 2017), 6장.

58 Offices of the Free Church of Scotland, "The Directory of Family Worship"h in *The Subordinate Standards and Other Authoritative Documents of Free Church of Scotland* (Edinburgh: Offices of the Free Church of Scotland, 1973), 228-232; 유해무 외 6인, 《가정예배, 어떻게 할 것인가》 (서울: 생명의양식, 2018), 61; 리처드 백스터, 정호준 역, 《하나님의 가정》(*The Godly Home*) (서울: 복 있는 사람, 2012), 16, 172.

59 Church of Scotland, *The Directory for Family Worship* (Edinburgh: Evan Tyler, 1647), 2-4.

60 Jonathan Edwards, "Directions for Family Worship" in *The Jonathan Edwards Reader*, ed. Wilson H. Kimnach (New Haven: Yale University Press, 1995), 215-220.

61 조선예수교장로회, 《조선예수교장로회총회 헌법》, 231.

62 Martin Luther, "Address to the Christian Nobility of the German Nation" in *Luther's Works*, vol. 44, ed. James Atkinson (Philadelphia: Fortress Press, 1966), 109-196.

63 "Westminster Larger Catechism", Questions 105, 108-110, 117, in The Westminster Larger Catechism (Philadelphia: Presbyterian Board of Publication, 1861), 57-65.

64 Offices of the Free Church of Scotland, "The Directory of Family Worship", 228-232.

65 Diana I. Tamir and Jason P. Mitchell, "Disclosing Information about the Self Is Intrinsically Rewarding", *Proceedings of the National Academy of Sciences* 109, no. 21 (2012): 8038-843.

66 Gary Chapman, *The 5 Love Languages: The Secret to Love that Lasts* (Chicago: Northfield Publishing, 1992), 15-55.

67 가정예배의 다양한 모델에 대하여는 필자의 저서인 《가정예배 건축학》 (장로회신학대학교 출판부, 2017)의 부록에 제시한 열한 가지 가정예배 모델과 실제를 참고할 수 있다.

68 Alister McGrath, *A Fine-Tuned Universe: The Quest for God in Science and Theology* (Louisville: Westminster John Knox Press, 2009), 45-78.

69 https://fulleryouthinstitute.org/stickyfaith/leaders [2025년 12월 27일 접속] 파월 교수는 자신이 소장으로 섬기는 풀러신학교 산하 청소년사역연구소의 홈페이지를 통하여 청소년기 다음세대들이 신앙에 대하여 침묵하는 것은 믿음의 독소 요소가 되며, 도리어 질문하는 것이 신앙 성장의 디딤돌이 된다고 말한다.

70 John Calvin, *Institutes of the Christian Religion*, trans. Ford Lewis Battles, ed. John T. McNeill (Philadelphia: Westminster Press, 1960), 1: 211-254; Herman Bavinck, *Reformed Dogmatics*, vol. 2 (Grand Rapids: Baker Academic, 2004), 312-345; R.C. Sproul, *The Holiness of God* (Wheaton, IL: Tyndale House Publishers,

1985), 165-185; John Piper, *Providence* (Wheaton, IL: Crossway, 2020), 450-500.

71 Charles Darwin, *On the Origin of Species* (London: John Murray, 1859), 1-13.

72 Epperson v. Arkansas, 393 U.S. 97 (1968); McLean v. Arkansas Board of Education, 529 F. Supp. 1255 (E.D. Ark. 1982). 창조와 진화에 대한 대표적인 교육 재판으로 1968년 연방대법원이 진화론 금지법을 위헌으로 판단한 "에퍼슨 대 아칸소 사건"이 있고, 1982년 창조과학과 진화론을 동등하게 가르치게 한 주법을 위헌으로 본 "맥클린 대 아칸소 주 교육위원회 사건"이 있다.

73 Denis Alexander, "Does Evolution Really Matter?" *Science & Christian Belief* 25, no. 2 (2013): 131-152; Keith B. Miller, ed., *Perspectives on an Evolving Creation* (Grand Rapids: Eerdmans, 2003), 15-45; Stephen C. Meyer, "The Origin of Biological Information and the Higher Taxonomic Categories", *Proceedings of the Biological Society of Washington* 117, no. 2 (2004): 213-239.

74 Abraham Kuyper, Lectures on Calvinism: Six Stone Lectures from the Calvin Foundation (Grand Rapids: Eerdmans, 1931), 31-49.

75 C. S. 루이스, 홍종락 역, 《영광의 무게》 (서울: IVP, 2005), 138.

76 M. Ochs et al., "The Number of Alveoli in the Human Lung", *American Journal of Respiratory and Critical Care Medicine* 169, no. 1 (2004): 120-124; Suzana Herculano-Houzel, "The Human Brain in Numbers: A Linearly Scaled-up Primate Brain", *Frontiers in Human Neuroscience 3* (September 2009): 31; Alain Goriely, "Do We Know the Number of Neurons in the Human Brain?" *Brain* 148, no. 5 (2024): 689-701; https://en.wikipedia.org/wiki/Blood_vessel [2025년 12월 11일 접속]

77 EBS, "EBS 사이언스: 우주의 끝은 어디일까?", YouTube 동영상, 2023년 9월 3일 업로드, https://www.youtube.com/watch?v=ZSD_rq6X1dU₩ [2025년 12월 20일 접속]

78 Roger Penrose, *The Road to Reality: A Complete Guide to the Laws of the*

Universe (London: Jonathan Cape, 2004), chap. 27.

79 John D. Barrow, *The Constants of Nature: The Numbers That Encode the Deepest Secrets of the Universe* (London: Vintage, 2002); Luke A. Barnes, "The Fine-Tuning of the Universe for Intelligent Life", *Publications of the Astronomical Society of Australia* 29, no. 4 (2012): 529-564.

80 오스 기니스, 홍병룡 역, 《소명》(*The Call: Finding and Fulfilling the Central Purpose of Your Life*) (서울: 홍성사, 2007), 63.

81 교육부·한국직업능력연구원, "2024 초·중등 진로 교육 현황조사 결과 발표", 교육부 보도자료, 2024.12.3., https://www.korea.kr [2025.12.12. 검색]

82 매경이코노미, "요즘 10대 경제 활동·인식 설문해 보니", 2022. 7. 11., https://www.mk.co.kr/news/economy/10748797 [2025년 12월 15일 접속]

83 과학기술정보통신부·한국지능정보사회진흥원, "2024년 스마트폰 과의존 실태조사", 2025.3.27. 보도자료 및 통계보고서.

84 국립정신건강센터, "2024년 중독 주요 지표 모음집", 보건복지부, 2024.11.7. (인터넷·스마트폰·게임 중독 지표 포함)

85 한국지능정보사회진흥원, "스마트쉼센터 자료실: 스마트폰 과의존 예방 가이드".
www.iapc.or.kr/mediaList.do?idx=28&type=A1. [2025.12.22. 접속]

86 World Health Organization, *Guidelines on Physical Activity, Sedentary Behaviour and Sleep for Children under 5 Years of Age* (Geneva: WHO, 2019), 24-28; Council on Communications and Media, "Media and Young Minds", *Pediatrics* 138, no. 5 (2016): e20162591, https://doi.org/10.1542/peds.2016-2591. [2025.12.26. 접속]

87 만일 자녀의 상태가 일상을 살아가기에 어려울 정도의 수면 부족, 학업 포기, 대인관계 단절, 심각한 우울감 등의 모습이 있다면, 신속히 병원이나 상담센터 등과 같은 전문가의 도움을 받도록 인도해야 한다.